ANTROPOLOGIA DA CIDADE

Michel Agier

ANTROPOLOGIA DA CIDADE

lugares, situações, movimentos

Tradução

Graça Índias Cordeiro

Prefácio à edição brasileira

Graça Índias Cordeiro

Heitor Frúgoli Jr.

editora
TERCEIRO NOME

APRESENTAÇÃO

Com a tradução e a publicação de um dos mais recentes livros de Michel Agier, a comissão editorial da coleção Antropologia Hoje, da Editora Terceiro Nome, coloca à disposição dos leitores de língua portuguesa um texto que, com base em pesquisas de campo realizadas em diferentes tempos e lugares, propõe uma estimulante discussão sobre conceitos e modelos de análise na área de estudos urbanos.

Antropologia da cidade: lugares, situações, movimentos – publicado originalmente na Bélgica com o título *Esquisses d'une anthropologie de la ville* – reflete o amplo espectro das preocupações do autor nas pesquisas que vem desenvolvendo desde a década de 1980 em contextos tão diversos como Lomé e Douala, na África, Tumaco e Cali, na Colômbia, e Salvador, na Bahia – nesta última, onde o autor viveu por sete anos. Mais recentemente, Agier voltou-se para o estudo dos campos de refugiados ao norte da África e na Palestina.

Toda essa diversidade gira, contudo, em torno de algumas questões que constituem, justamente, a matéria deste livro. O próprio título,

Antropologia da cidade, já levanta uma questão central – familiar, aliás, a todos que trabalham nesse campo: afinal, trata-se de uma antropologia *da* cidade ou *na* cidade? O autor toma partido claramente por uma das alternativas e, ao longo do livro – composto de artigos, entrevistas e capítulos revisitados –, desenvolve os argumentos a favor de sua opção.

Não cabe aqui retomar a temática de cada um dos nove capítulos que o compõem, tarefa, ademais, muito bem resolvida pelos prefaciadores, que, num verdadeiro ensaio, descrevem a trajetória do autor, analisam a gênese dos conceitos que utiliza e expõem os contextos em que foram aplicados. Trata-se de um texto que introduz, situa e enriquece a contribuição de Michel Agier para o conhecimento do fenômeno urbano no atual panorama da antropologia voltada para a realidade da dinâmica nas cidades contemporâneas, em suas diferentes escalas.

Em suma, com *Antropologia da cidade: lugares, situações, movimentos*, a coleção Antropologia Hoje amplia seu alcance ao propiciar o diálogo entre a produção brasileira sobre o tema e a contribuição de um renomado autor, representante da tradição acadêmica de outro país.

José Guilherme Cantor Magnani

SUMÁRIO

PREFÁCIO

O presente livro de Michel Agier sintetiza um itinerário abrangente de pesquisas etnográficas, cujo conjunto de artigos e entrevistas dentre outros temas revela, como indica o título, uma antropologia da cidade.[1]

Além da importância em si da publicação em português da presente obra – ao propiciar um aprofundamento significativo nesse campo antropológico –, pode-se também sublinhar nesses escritos aspectos relevantes do olhar do autor sobre o contexto brasileiro – cujo ponto de partida foi o bairro da Liberdade, em Salvador, cidade pesquisada durante sete anos e pela qual o autor manifesta preferência.[2]

---

[1] A respeito desse tema, ver (sem pretender cobrir todos os autores relevantes): Durham (2004 [1986]), Velho (1999), Agier (1999), Magnani (2002), Cordeiro (2003), Frúgoli Jr. (2007), Eckert (2010).

[2] "*Je crois pouvoir dire sans hésitation que ma ville préférée, c'est Salvador de Bahia.*" "*Je crois que c'est vraiment à Salvador que j'ai commencé à aimer les villes.*" (Agier, jan.-fev./2010, p. 80). Em Salvador, Agier morou em quatro bairros distintos ao longo de sua experiência etnográfica (2004, p. 25).

Tal pesquisa constitui parte assinalável de uma trajetória iniciada em Lomé (Togo) e Douala (Camarões), contextos africanos cujos achados definiram interesses específicos nos enfoques posteriores realizados na Bahia (Agier, 1983, 1999 e 2004).

Em Lomé, o mapeamento inicial exigiu uma orientação sobre um espaço desconhecido, para além da aparente simplicidade de um bairro com seus bares, *dancings* e pequenos comércios, já que para o autor a localidade jamais é uma questão evidente, ou seja, o espaço constitui um desafio simultaneamente prático e teórico (Agier, 2004, p. 19). Isso resultou na circunscrição de uma pesquisa sobre um "bairro étnico" (*quartier ethnique*), o Nouveau Zongo, que abrigara desde o final do século XIX imigrantes haoussa (vindos da Nigéria e do Níger), com tradição em práticas comerciais e, posteriormente, imigrantes togoleses. Tal bairro foi submetido nos anos 1970 a um processo de "reurbanização", que levou parte dessa população a residir em áreas urbanas longínquas e limítrofes, mas que também ensejou processos posteriores de recomposição social através de festas e rituais, o que ocasionou inclusive o surgimento do "zongolês" (*zongolais*), em contraposição ao "togolês" (*togolais*), como uma espécie de neologismo urbano, acionado principalmente entre os mais jovens (Agier, 1999, pp. 65-7). Tal bairro dá visibilidade, portanto, a tensões e ambiguidades ligadas às condições de grande parte de seus moradores – estrangeiros e/ou comerciantes –, bem como a certas relações entre itinerância e sedentarismo.[3]

Nesse contexto, Agier pesquisou detidamente as redes de sociabilidade (mais precisamente, os elos entre sociabilidade e economia)

[3] Num diálogo significativo com temas da abordagem simmeliana, como aponta o próprio autor (Simmel, 1984 [1908] *apud* Agier, 1999, p. 69).

formadas pelos grandes comerciantes haoussa locais. Tais redes têm caráter clientelista, são marcadas pela recorrência à linguagem do parentesco, com forte papel das alianças matrimoniais (e ao mesmo tempo profissionais, entre sogros e genros), entendidas como relações de aliança e eletivas, abertas a uma série de estratégias pessoais (Agier, 1999, pp. 114-8).[4]

Já a pesquisa de Agier em Douala e região ganhou, de certa forma, relevo menor que a anterior em seus escritos posteriores e não será aqui aprofundada. Muito resumidamente, pode-se dizer que em Douala a violência social e a racial das práticas coloniais segregacionistas impuseram muito mais uma inacessibilidade da população a vários espaços do que propriamente um acantonamento territorial. Tal diluição dos limites urbanos teria inclusive levado, segundo o autor, a práticas de confrontação mais individualizadas, frente à dificuldade de se realizar uma síntese indispensável à própria ideia de cidade (Agier, 1999, pp. 80-4 e 119). Ali, a investigação se voltou à observação da aldeia de Bipindi, com atenção especial às representações sobre a profissionalização das crianças locais, numa área assinalada pela produção agrícola em escala industrial voltada à exportação, com investimentos em escolarização e oportunidades de migração, projetos esses reveladores de um mundo imaginário que não apaga, mas renova os pertencimentos étnicos, ao articular a ideia da partida, da viagem e da aventura à do retorno (Agier, 1999, pp. 119-22).

---

[4] Num âmbito dominado pelos "pais-patrões" (*pères-patrons*), o autor era tratado como "*yaro*" (criança), o que denotaria uma relação de aprendizagem entre o antropólogo e tais nativos (Agier, 2004, p. 82). Quanto à lógica mais abrangente, é interessante perceber certa aproximação com a abordagem de Lévi-Strauss sobre a "sociedade de casas" (mar./2004 [1983]).

Tais experiências levaram à necessidade de uma compreensão mais clara sobre articulações entre etnicidade e territorialidade, fortemente associadas ao quadro urbano moderno e que particulariza uma questão mais abrangente sobre a etnicização dos conflitos sociais (Agier, 2004, p. 25). De Lomé a Salvador,[5] portanto, desenhou-se uma atenção às chamadas regiões morais,[6] formadas por estereótipos e símbolos que condicionariam boa parte das experiências citadinas como marcações imateriais do espaço que permitem pensar as localidades da vida social, e, portanto, fontes constitutivas de investigação etnográfica (Agier, 2004, pp. 27-8).

Já em Salvador, pode-se também sublinhar um diálogo significativo de Agier com autores brasileiros, inicialmente no campo da sociologia, em torno de temas como o operariado urbano sob a ótica de trajetórias empregatícias, o espaço citadino, a família e o status social (Agier, dez./1990 e Agier; Castro; Guimarães, 1995). Isso se desdobrou, a partir de um olhar etnográfico mais detido sobre vida cotidiana e as múltiplas facetas socioculturais do bairro da Liberdade, em diálogos fecundos com a antropologia urbana brasileira.[7] Isso ficaria evidente nos enfoques sobre processos de subjetivação, com atenção especial às relações de parentesco e gênero (Agier, 2º sem./1990) e à construção de lugares e redes por parte daqueles que "fazem a cidade" (Agier, 1998).

---

5 Salvador foi também submetida inicialmente a um significativo inventário visual – cores das peles, tipos de moradias, centros comerciais, igrejas, templos, odores, circuitos do carnaval etc. (Agier, 2004, p. 26).

6 Sobre o tema, ver Park (1987 [1916]).

7 Nos artigos a seguir, pode-se mencionar autores como Roberto DaMatta, Eunice Durham, Cláudia Fonseca, José Guilherme Magnani, Ruben Oliven, Gilberto Velho e Alba Zaluar.

Ambos os textos dão visibilidade a aspectos significativos das interações nas "avenidas" – designação nativa (e irônica) para as ruas estreitas formadas pelas casas, de uso exclusivo dos pedestres[8] –, como a abordagem sobre as estratégias de sobrevivência articuladas pelas mulheres das chamadas famílias "matricentradas" (ou matrifocais), que podem ser entendidas como famílias "parciais", cuja inserção em redes mais ampliadas de parentesco revela, além da própria precariedade do laço conjugal, estratégias relacionais femininas que passam tanto pelo estreitamento dos laços consanguíneos (envolvendo em geral famílias ditas "equilibradas", com membros com empregos mais estáveis) como por várias modalidades de apadrinhamento (Agier, 2º. sem./1990).

Tal "familialismo (feminino)" se contraporia ao "localismo", domínio de sociabilidade predominantemente masculino, etnografado inicialmente por Agier nos jogos de futebol locais, cujas turmas ali formadas se conectam a outros espaços como bares, esquinas, portas de casa de alguns participantes de tais turmas, bem como a outros domínios do lazer como idas à praia, passeios de carro e piquenique, quadrilhas de São João, grupos de samba e formação de blocos carnavalescos – a formação do Ilê Aiyê, como se verá a seguir, tem um peso fundamental na abordagem (Agier, 1998, pp. 57-9). É nesse contexto que se pode falar das redes de sociabilidade alargada (*sociabilités élargis*), entendidas como formas mais amplas de relação, com base em vínculos de parentesco (incluindo o prático ou fictício), vizinhança, lazer ou associativismo. Nessas redes, estabelecem-se níveis intermediários de vida social, situados entre o mundo doméstico e as instituições ou macroestruturas mais abran-

[8] Ver detalhes no Capítulo 4 do presente livro.

gentes (incluindo as empregatícias) e estabelecidos através de uma sucessão mediada de proximidades sociais e incluindo uma margem considerável para escolhas eletivas (Agier, 1999, pp. 110-23).[9]

Tais redes masculinas parecem revelar o modo mais evidente pelo qual se articula o plano local do bairro da Liberdade, bairro com as maiores dimensões urbanas de Salvador. Todavia, Agier aponta-lhes uma territorialidade ainda bastante concentrada, distinta das femininas, que, com base no cenário já apresentado, mostram-se, para além do quadro doméstico e do bairro, circulando em espaços mais esparsos (envolvendo parentes, amigas e clientes) e revelam-se mais mediadoras e abertas à alteridade, e, nesse sentido, mais urbanas (Agier, 1998, p. 61).

Outro artigo, ainda sobre a experiência em Salvador, abordou o tema das redes, principalmente daquelas pautadas pela globalização acelerada de situações locais, com base nos percursos do grupo carnavalesco Ilê Aiyê, surgido na Liberdade e um dos responsáveis pela africanização do carnaval baiano (Agier, out./2001). O foco volta-se aqui a aspectos de empreendimento identitário presentes na projeção ampliada de tal bloco, com um papel crucial desempenhado por vários intermediários culturais, que operariam concomitantemente na busca de reconhecimento social (no contexto local) e étnico (no plano global). Tal busca resulta numa espécie de essencialização estratégica assinalada por um forte paradoxo, uma vez que os negros "africanizados" da Bahia seriam, em última instância, "mestiços culturais" (p. 17).

---

[9] Cuja ampliação incessante levaria, numa perspectiva totalizante, à própria compreensão da cidade enquanto "rede das redes" (Hannerz, 1983, *apud* Agier, 1999, p. 110).

Tal artigo dialoga com o livro baseado em sua pesquisa em Salvador (1990-1996), *Anthropologie du carnaval* (2000), também centrado numa densa e detalhada etnografia sobre o Ilê Aiyê, na qual "teoria e empiria [...] combinam-se de maneira elegante e enriquecedora" (Hermano Vianna, abr./2001, p. 165). O Ilê Aiyê é um fenômeno decisivo na história do carnaval soteropolitano, cujas polêmicas demarcações de quem seria ou não negro (com vistas à participação no bloco) passariam, sobretudo, pelos vínculos com um universo relacional e afetivo denso, atravessado por certas formas de distinção social (p. 166). Ser negro, no sentido do neotradicionalismo urbano criado pelo Ilê Aiyê, corresponderia a uma modalidade de posicionamento social (p. 167) e o carnaval poderia ser pensado como uma "máquina identitária", que não abole propriamente as fronteiras da vida ordinária tampouco fortifica os limites já existentes nela, mas os deforma, com possíveis consequências na vida não carnavalesca (p. 167).

Tal livro certamente ajudou a compor outra publicação referencial no campo da antropologia da cidade, *L'invention de la ville* (1999), que Agier assume como o início da sua proposta mais sistemática de uma "etnologia citadina" e de uma "antropologia da cidade" (pp. 11 e 16). Essa publicação constitui uma espécie de projeto retomado no presente livro,[10] de forma atualizada e ampliada.

Sua trajetória de investigações prosseguiu pelo contexto latino-americano, em Tumaco e em Cali, na Colômbia,[11] onde o autor teve suas primeiras experiências etnográficas com deslocamentos forçados ocorridos na região após 1997, decorrentes do

[10] Ver Capítulos 3, 4 e 5.

[11] Ver Capítulos 1, 4 e, principalmente, 7.

agravamento dos conflitos naquele país (Agier, 1999). Essa temática ganhou um relevo significativo em seus estudos posteriores, com a multiplicação de pesquisas sobre vários tipos de campos de refugiados (Agier, 2008a) e um espraiamento de contextos pesquisados, concentrados novamente na África – numa outra perspectiva e com abordagens renovadas.[12]

Sua perspectiva de antropologia urbana, em diálogo com os africanistas da Escola de Manchester[13] e com a Escola de Chicago,[14] com uma inserção num campo peculiar de estudos antropológicos franceses sobre a cidade, além de suas abordagens sobre identidades culturais urbanas em contextos de globalização,[15] despertaram, em seu conjunto, uma aproximação do autor com o mundo lusófono, dessa vez com pesquisadores da cidade de Lisboa (ISCTE e FCSH-UNL)[16] nos campos antropológico e sociológico.

Isso se concretizou sob a forma de um convite para que o autor participasse do Programa Internacional de Doutoramento em Antropologia Urbana, organizado pelo ISCTE em conjunto com a Universidade Rovira i Virgili, em Tarragona, que, desde 1989, tinha um doutorado em andamento com essa designação. Agier propôs a cadeira "Cidades incertas", ministrando-a nas edições do curso de 2004 e 2005. Voltou ainda em 2005 para participar do

---

12 Ver Capítulos 5, 9 e, principalmente, 6.

13 Incluindo certa crítica ao pensamento estruturalista (Agier, 2006, p. 134).

14 Tomando parte de uma incorporação seletiva da mesma na França a partir dos anos 1980 (Grafmeyer; Joseph, 1984).

15 Ver o artigo de António Firmino da Costa (2002).

16 Instituto Superior de Ciências do Trabalho e da Empresa (atual ISCTE – Instituto Universitário de Lisboa) e Faculdade de Ciências Sociais e Humanas da Universidade Nova de Lisboa.

colóquio "O lugar da rua: cidade, tempo, sociabilidade",[17] com antropólogos urbanos e historiadores de diferentes nacionalidades (norte-americana, francesa, catalã-espanhola) e tradições teóricas e metodológicas, que marcou assim uma certa aproximação, em Portugal, entre antropologia e história, mais precisamente entre a etnografia e a microanálise histórica.

Tal colóquio resultou numa interessante coletânea (Cordeiro; Vidal, 2008) que toma a rua como lugar estratégico de observação da vida citadina, através do exame minucioso de realidades concretas; e o artigo de Agier (2008b, pp. 17-25), que abre a coletânea, baseado em etnografias em andamento em campos de refugiados africanos (e a reconstituição de seus percursos), traz um enfoque aparentemente distante do tema em questão, mas cujas relações se tornam mais claras à medida que os argumentos se desdobram. É que a observação sistemática de diversos campos de refugiados propicia a abordagem de uma nova modalidade de espaços marginais e liminares que, embora concebidos espacial e simbolicamente como "fora da cidade", envolvem a constituição de novos mundos sociais – não apenas a reprodução de mundos étnicos preexistentes –, por meio de rituais de fundação e de inscrição material em dado local, em espaços que geram a sua própria dinâmica, apesar de todo o controle institucional inerente ao chamado sistema humanitário. Isso revela, portanto, práticas e linguagens políticas que merecem maior atenção, e que as aproximam da ideia – já mencionada – dos citadinos cujas ações fazem a própria cidade.[18]

---

[17] Encontro pluridisciplinar e internacional ocorrido entre 18 e 19/11/2005 no Auditório Afonso de Barros, ISCTE, organizado por Graça Índias Cordeiro e Frédéric Vidal, com apoio da FCT (FAAC), Fundação Calouste Gulbenkian e FLAD.

[18] Ver O'Donnell (abr./2009) e Frúgoli Jr. (out./2009).

Como afirmou Agier em entrevista concedida à antropóloga portuguesa Susana Durão (2006), há algo na pesquisa urbana que talvez não se apreenda noutra parte (p. 138); o contexto relacional produzido nas cidades, com suas descontinuidades e territorialidades próprias, não corresponde apenas à justaposição de culturas (p. 139); é preciso, portanto, observar e relacionar as situações de interação nos seus respectivos contextos, com vistas a uma compreensão mais detida sobre a cultura das cidades (p. 140).[19]

Voltando ao Brasil, um novo campo de contatos acadêmicos[20] se estabeleceu quando da vinda de Agier ao Departamento de Antropologia da Universidade de São Paulo em 2010, para uma palestra numa Sexta do Mês – evento organizado pelos estudantes do Programa de Pós-Graduação em Antropologia Social –, intitulada "Da etnografia urbana à antropologia da cidade: introdução às situações africanas e latino-americanas".[21]

Após essa apresentação sintética dos itinerários de pesquisa do autor, entrelaçados nesses escritos às suas relações com o mundo da língua portuguesa, pode-se agora adentrar um pouco mais detalhadamente na estrutura do presente livro.

---

[19] Ver Capítulo 7.

[20] Sem a pretensão de cobrir, neste texto, todas as relações acadêmicas de Agier com pesquisadores brasileiros, que certamente transcendem o que está aqui relatado.

[21] Da qual participaram os professores Heitor Frúgoli Jr. e José Guilherme Magnani e o doutorando Guilhermo A. Aderaldo. O texto-base da sua fala foi a introdução do presente livro. Nessa ocasião, Agier também concedeu uma entrevista para Janaína Damasceno, Isabela Oliveira Pereira da Silva, Natália Helou Fazzioni, Guilhermo André Aderaldo (doutorandos e mestrandos do PPGAS) e Heitor Frúgoli Jr., a ser publicada na *Revista de Antropologia da USP* ("Sobre lugares e situações: entrevista com Michel Agier").

Para compreender antropologicamente a cidade é preciso esquecer a cidade. Esse é um dos pontos de partida deste livro, que se propõe a conhecer as cidades a partir dos citadinos e de sua experiência cotidiana, de seus lugares de vida e situações concretas – dos bairros, das ruas, das redes de sociabilidade, das dinâmicas identitárias apreendidas *in situ*, através da pesquisa direta que dá visibilidade ao que não se vê, não se sabe nem se imagina. É esse o ponto de vista do antropólogo que produz um tipo de conhecimento que vai se desenvolvendo em sintonia com as "práticas, relações e representações dos citadinos que ele observa diretamente e em situação", criando aquilo a que o autor chama de *cidade bis* (Introdução). Projeto de conhecimento urbano fundado na pesquisa etnográfica – relacional, local e micrológica – que, longe de ser um obstáculo à constituição de uma antropologia da cidade é, efetivamente, o que a torna possível.

O que pode parecer um pouco paradoxal é, efetivamente, a pedra de toque do presente livro que nos apresenta, com limpidez e elegância, uma reflexão amadurecida sobre uma longa experiência de pesquisas etnográficas em contextos urbanos de grande precariedade, por África, América do Sul, Mediterrâneo. Essa reflexão chama a atenção para as mudanças que fazem desses contextos frágeis o epicentro do mundo urbanizado contemporâneo, relembrando que não podemos partir dessas totalidades inacessíveis de um ponto de vista empírico – a "grande cidade", o "urbano global", a "metrópole", a "urbanização desterritorializada" – nem podemos partir de uma definição normativa de "cidade", sempre muito colada a modelos europeus e ocidentais.

Lugares, situações e movimentos são três modos de entrar na cidade, janelas de observação para conhecer, de forma dinâmica, a sua vida, estratégias etnográficas para pensá-la teoricamente. Essa trilogia dá corpo a uma proposta que defende não apenas a possibilidade, mas a absoluta necessidade e utilidade de um saber antropológico sobre a cidade baseado no conhecimento a partir de baixo, "de perto e de dentro", como diria José G. Magnani (2002). A cidade deste livro, a cidade de Michel Agier, não é, pois, uma abstração teórica, generalizadora, não surge de modelos predefinidos, é sim uma cidade relacional e situacional que parte dos lugares e dos citadinos que caso a caso produzem movimentos e dinâmicas socioculturais específicas e originais. É a cidade em processo, a cidade viva e imprevisível de todos nós que aqui está em foco, a cidade que engloba as muitas e variadas cidades que, independentemente de sua materialidade, de sua história, de sua, por vezes, extrema pobreza, estão na base de um projeto de antropologia urbana mais preocupada em compreender o que esses ambientes urbanos produzem de novo do que em inventariar o que vai desaparecendo, como alguma antropologia conservadora faz.

Nesse sentido, essa "antropologia da cidade" avança, de forma inequívoca, na valorização da etnografia urbana, tanto para fora da antropologia – alimentando a construção do conhecimento das cidades contemporâneas no âmbito daquilo que, de uma forma ousada, poderíamos designar como ciências urbanas – como para dentro, enriquecendo a própria disciplina, teórica e metodologicamente, tomando as cidades como "lugares estratégicos para pensar a cultura em termos de uma organização da diversidade" (Hannerz, 1999, 154, citado na Introdução).

As ideias-chave dessa antropologia social e simbólica dos espaços contemporâneos são sintetizadas na introdução com uma clareza que não deixa margens para dúvidas e ambiguidade: deslocar o ponto de vista da cidade para os citadinos, alterando a própria problemática. Em vez de nos perguntarmos "o que é a cidade?" devemo-nos perguntar "o que faz a cidade?". Já não é a cidade como essência ou norma que interessa, mas a cidade como "processo humano e vivo cuja complexidade é a própria matéria para a observação e interpretação" (Introdução).[22]

O livro, composto de nove capítulos cujos textos, agora revistos e atualizados, foram publicados ao longo dos últimos doze anos sob a forma de artigos, capítulos de livros e entrevistas, retoma o projeto iniciado com a publicação de *L'invention de la ville*. Organiza-se em três partes, "diferentes e convergentes".

A primeira, "A cidade dos antropólogos", inclui uma reflexão pessoal, em entrevista, sobre aquilo que se pode designar como "antropologia urbana da mudança social", centrada nas ideias mestras de cidade relacional, cidade cultural, cidade situacional, resgatadas por observações diretas, de primeira mão, devidamente contextualizadas na busca dos vários sentidos que produzem (Capítulo 1), seguido de dois capítulos teóricos e metodológicos fundamentais, porque estruturantes do livro e do projeto de que ele dá conta (2 e 3). Mais do que apenas reflexões, esses textos são excelentes roteiros de investigação, prática e teórica, uma vez que discutem e problematizam, histórica e epistemologicamente, noções, conceitos e recortes etnográficos cruciais para a prática,

---

[22] A construção de um olhar humanizado sobre a cidade tem sido, aliás, uma das bases do desenvolvimento da antropologia urbana, desde os seus primórdios (ver Gulick, 1989).

teoricamente enquadrada, da pesquisa urbana. O enfoque metodológico é claro, baseando-se num conjunto de referências incontornáveis da "tradição da antropologia urbana" (Feixa, 1993) e, sobretudo, no "indispensável" Hannerz, retomando a sua "teoria do vivido urbano" (1983, Capítulo 3) com a conhecida tipologia em cinco domínios de vida social, repertórios de papéis e "implicações situacionais" (*engagement situationel*) para a elaboração de uma tipologia de situações com um óbvio interesse, nessa busca incessante da cidade relacional e situacional: ordinárias, extraordinárias, de passagem, rituais.

O Capítulo 2 desta primeira parte, "Os saberes urbanos da antropologia", merece um destaque especial, por retomar alguns pressupostos teóricos e metodológicos cruciais na definição de um projeto de antropologia urbana, ou da cidade, iniciado há mais de dez anos e que ganhou uma visibilidade indiscutível com o livro *L'invention de la ville* (1999). Originalmente publicado em 1997 na revista *Enquête*, dedicada ao tema – "La ville des sciences sociales",[23] este artigo insere-se numa notável compilação publicada sob o impulso de Michel Agier e do historiador, prematuramente falecido, Bernard Lepetit, que acompanharam igualmente o programa com o mesmo nome que se desenvolveu na École de Hautes Etudes en Sciences Sociales, também por Christian Topalov[24] e Jean-Charles Depaule.[25] Nesse texto, uma das questões fundamentais trabalhadas pelo autor articula-se às estratégias da etnografia urbana – e a

[23] Ver detalhes em http://enquete.revues.org/sommaire633.html.

[24] Faz parte deste volume um pequeno texto inicial de Christian Topalov sobre o seu fascinante projeto "As palavras da cidade", cujo resultado acaba de ser publicado sob o título *L'aventure des mots de la ville*" (Topalov *et al*, 2010).

[25] Ver nota 3 da Introdução.

sua relação com uma possível teoria antropológica sobre a cidade. Essa é, sem dúvida, uma velha questão fundadora da própria antropologia urbana – a relação entre a parte e o todo. Como é que o antropólogo consegue passar do conhecimento empírico baseado na observação etnográfica, microssocial, em espaços de interconhecimento pessoal e direto, sempre restritos, a um conhecimento teórico inclusivo da cidade e da totalidade urbana? Como é que a "antropologia consegue construir uma reflexão e uma metodologia centrada no indivíduo inserido em espaços socialmente e culturalmente heterogêneos, sem abandonar suas próprias questões fundadoras relativas à organização social e à unidade cultural dos povos" (Capítulo 2)? Os conceitos intermediários então propostos – região, situação, rede – avançam relativamente à discussão urbano-antropológica sobre as unidades etnografáveis permitindo essa articulação entre a microperspectiva social, mais individualizada, própria da etnografia, e a representação totalizadora da cidade e da sociedade urbana. São três noções que abrem janelas de reflexão sobre a cidade e que são agora reelaboradas, de certa maneira, nesta trilogia mais completa e inspiradora da presente publicação, que apresenta uma cidade feita de lugares, situações e movimentos integrando, na sua complexidade, a vertente cultural bem na interseção das várias dimensões que a constituem: espacial, relacional, reticular, situacional.

A segunda parte, "Lugares e fragmentos: a cidade em processo", discute os territórios urbanos em várias escalas. A dimensão familiar, parte essencial da vida de qualquer cidade que permite a "ancoragem social mínima de cada um", leva-o ao caso de Salvador da Bahia (e, sobretudo, ao bairro da Liberdade) através de uma verdadeira "etnologia das vielas", que permite "olhar" a cidade invisível, aquela que se vive mas que não se vê, perceber a rua "como um espaço de relações, de memória e de identificação", destacar as diferenças de gênero nas concepções do lugar, a "costura entre espaço e trajeto", a relação entre lugar e não lugar (Capítulo 4). A discussão do "zoneamento como espaço de negação da cidade" conduz à crítica do urbanismo funcionalista e totalitário que pensa e concebe a cidade em zonas especializadas, contrariando a ideia de cidade como espaço comum, convivial, de troca e encontro que historicamente se vai fazendo, contrapondo a ideia de urbanismo como processo participativo, "farol da democracia participativa" (Capítulo 5). E, ainda, o dramático exemplo dos campos de refugiados, campos-cidade que, um pouco por todo o mundo, concretizam a inquietante associação entre guerra e humanitário, esses "lugares de fora" (*hors-lieux*) cuja existência dificilmente é reconhecida apesar dos cerca de 12 milhões de refugiados e deslocados que ali vivem, desde o Quênia à Palestina, "citadinos de uma cidade nua" que vão inventando-a à medida que os anos passam (Capítulo 6).

Finalmente, na terceira e última parte ("Situações e comunidades: a cidade em movimentos") é a relação entre o processo cultural e o processo urbano que está em causa, trabalhado a partir de vários casos (carnavais, teatro de rua, festas, imaginários, lendas, visões) em diferentes contextos nacionais e regionais (Capítulos 7 e 8), com uma entrevista final (Capítulo 9), que sintetiza de um modo simples e direto, sem retórica – no estilo próprio do autor –, alguns dos elementos fundamentais deste seu projeto. Como se elabora a cultura dos citadinos? A cidade é apresentada como verdadeiro dispositivo cultural, um cadinho no qual os encontros, as fusões, as tensões, os conflitos produzem cultura num jogo complexo em que as situações fazem comunidades. Alguns elementos podem ser identificados: um interesse particular pelo "momento da própria criação cultural", contrariando as "tradicionais" concepções antropológicas de cultura, processo este que deve ser analisado a partir das "situações reais de interação" e dos "significados" atribuídos pelos intervenientes; uma particular atenção às "configurações locais das relações, tensões e conflitos" que produzem "invenções culturais e construções identitárias" específicas; a ação política na rua, o ritual, tudo o que nasce da conjunção de "um espaço, um momento, uma situação", as "comunidades do instante"; e, finalmente, uma atenção muito particular à ideia forte de limiar, de interstício, de espaço entredois, como lugar que potencializa a liberdade, a criatividade, a imaginação ritual, a tomada de palavra, a criação de novas comunidades e identidades: "A antropologia das emergências, do contemporâneo, é a que vai descobrir o que nasce, o que se transforma, o que está em processo". É essa a antropologia situacional de Michel Agier, uma antropologia urbana da mudança social, uma verdadeira antropologia da cidade, das cidades de toda a humanidade.

Com esses esboços para uma antropologia da cidade,[26] Michel Agier desafia a antropologia a desenvolver o seu conhecimento sobre as cidades, esses territórios imensamente desconhecidos, a partir de dois movimentos complementares: reentrar profundamente na etnografia e expandir os seus horizontes epistemológicos para "além do âmbito da disciplina antropológica" (Introdução), de forma a que o saber antropológico seja reconhecido no conjunto das ciên-

[26] No original, o título do livro é *Esquisses d'une anthropologie de la ville. Lieux, situations, mouvements.*

cias que pesquisam a cidade e o urbano. A teorização urbana com base nos saberes etnográficos precisa do diálogo interdisciplinar, de certo "encaixe das escalas" com outras disciplinas (Capítulo 2). Nesse sentido, o presente livro reconcilia-nos com um saber sobre a cidade, porventura híbrido ou mestiço, que recupera a vocação universalista da antropologia, na sua variante mais processual e menos substancialista e que afirma, positivamente, a necessidade e a utilidade de uma antropologia urbana cujas fronteiras disciplinares a colocam, porventura, numa zona intersticial, entredois, *hors-lieux*, com todo o espaço para a criatividade e inovação científica.

Para finalizar, é gratificante ver que nossa ideia inicial de traduzir o presente livro[27] – ampliando desse modo seu acesso a leitores da língua portuguesa – tornou-se possível graças ao apoio do próprio autor,[28] bem como de José Guilherme Magnani, que prontamente encampou o projeto propondo ao conselho editorial da coleção Antropologia Hoje sua inclusão nesta série,[29] de Ivo Magnani, que auxiliou significativamente no trabalho de revisão fazendo as devidas adaptações ao português corrente no Brasil, e de Mary Lou Paris, diretora da Editora Terceiro Nome, que viabilizou a presente publicação. Deixamos a todos nossos sinceros agradecimentos.

Graça Índias Cordeiro e Heitor Frúgoli Jr.

[27] Que não teria sido possível sem o trabalho minucioso de tradução de Graça Índias Cordeiro.

[28] Incluindo o trâmite da permissão da publicação da obra em português junto à Bruylant-Academia S.A.

[29] E que realizou, em parceria com Heitor Frúgoli Jr., a revisão conceitual dessa publicação.

Graça Índias Cordeiro é professora no Departamento de Métodos de Pesquisa Social do Instituto Universitário de Lisboa (ISCTE-IUL) e investigadora no Centro de Investigação e Estudos de Sociologia (CIES-IUL), onde tem desenvolvido a área da antropologia urbana numa perspectiva etnográfica e multidisciplinar. Coordenou, entre 2004 e 2009 o Programa Internacional de Doutoramento em Antropologia Urbana (ISCTE/URV, Tarragona).

Heitor Frúgoli Jr. é professor do Departamento de Antropologia da Faculdade de Filosofia, Letras e Ciências Humanas da Universidade de São Paulo (FFLCH-USP) e coordenador do Grupo de Estudos de Antropologia da Cidade (GEAC-USP). É pesquisador do Conselho Nacional de Desenvolvimento Científico e Tecnológico (CNPq) desde 2005 e foi professor titular da Cátedra de Estudos Brasileiros da Universidade de Leiden (2010).

Bibliografia

Agier, M. *Commerce et sociabilité. Les négociants soudanais du quartier Zongo de Lomé.* Paris: IRD, 1983.

_________. "Les savoirs urbains de l'anthropologie". *Enquête*, Marselha, n.4, Parenthèses, pp. 35-58, 1997.

_________. "O sexo da pobreza. Homens, mulheres e famílias numa 'avenida' em Salvador da Bahia". *Tempo Social*, São Paulo, n. 2, vol. 2, Departamento de Sociologia/FFLCH/USP, pp. 35-60, 2º sem. 1990.

_________. "Espaço urbano, família e status social: o novo operariado baiano nos seus bairros". *Caderno CRH, Salvador*, n. 13, UFBA, pp. 39-62, dez. 1990.

_________. "Lugares e redes: as mediações da cultura urbana". In: Niemeyer, A. M. e Godoi, E. P. (orgs.). *Além dos territórios: para um diálogo entre a etnologia indígena, os estudos rurais e os estudos urbanos.* Campinas: Mercado das Letras, 1998, pp. 41-63.

_________. *L'invention de la ville. Banlieues, townships, invasions et favelas.* Paris: Éditions des Archives Contemporaines, 1999.

_________. *Anthropologie du carnaval. La ville, la fête et l'Afrique à Bahia.* Marselha-Paris: Ed. Parenthèses/IRD, 2000.

________. "Distúrbios identitários em tempos de globalização". *Mana*, Rio de Janeiro, n. 2, vol. 7, Museu Nacional, pp. 7-33, out. 2001.

________. *La sagesse de l'ethnologue*. Paris: L'oeil neuf, 2004.

________. "O humanitário como terreno de pesquisa" (entrevista concedida a Susana Durão). *Sociologia – problemas e práticas*, n. 50, CIES, 2006, pp. 133-50.

________. *Gérer les indésirables. Des camps de réfugiés au gouvernement humanitaire*. Paris: Flammarion, 2008a.

________. "O 'acampamento', a cidade e o começo da política". In: Cordeiro, G. Í. e Vidal, F. (orgs.). *A rua. Espaço, tempo, sociabilidade*. Lisboa: Livros Horizonte, 2008b, pp. 17-25.

________. "L'invite Michel Agier (idées em débats)" (entrevista concedida a Thierry Paquot). *Urbanisme – villes, societés, cultures* n. 370, jan.-fev./2010, pp. 71-80 (Dossiê Petits riens urbains).

Agier, M.; Castro, N. A.; Guimarães, A. S. *Imagens e identidades do trabalho*. São Paulo: Hucitec/L'Institut Français de Recherche Scientifique pour le Développement en Coopération, 1995.

"Avant-propos", *Enquête* n. 4, Marselha, Parenthèses, 1997, pp. 7-8.

Cordeiro, G. Í. "A antropologia urbana entre a tradição e a prática". In: Cordeiro, G. Í.; Baptista, L. V.; Costa, A. F. (orgs.). *Etnografias urbanas*. Oeiras: Celta Ed., 2003, pp. 3-32.

Cordeiro, G. Í.; Vidal, F. (orgs.). *A rua. Espaço, tempo, sociabilidade*. Lisboa: Livros Horizonte, 2008.

Costa, A. F. da. "Identidades culturais urbanas em época de globalização". *Revista Brasileira de Ciências Sociais*, vol. 17, n. 48, Anpocs/Edusc, fev./2002, pp. 15-30.

Durham, E. R. "A pesquisa antropológica com populações urbanas". In: Durham, E. R. *A dinâmica da cultura*. São Paulo: Cosac Naify, 2004 [1986], pp. 357-76.

Eckert, C. "Cidade e política: nas trilhas de uma antropologia *da* e *na* cidade no Brasil". In: Duarte, L. F. D. (org.). *Horizontes das ciências sociais no Brasil: Antropologia*. São Paulo: ANPOCS, 2010, pp. 155-96.

Enquête n. 4, Marseille, Parenthèses, 1997.

Feixa, C. *La ciudad en la Antropologia Mexicana*. Lleida: Universitat de Lleida, 1993

Frúgoli Jr., H. *Sociabilidade urbana*. Rio de Janeiro: Jorge Zahar, 2007.

Frúgoli Jr., H. "As experiências de rua". *Revista Brasileira de Ciências Sociais*. São Paulo: ANPOCS/Edusc, vol. 24, n. 71, out./2009, pp. 172-6 (Resenhas).

Grafmeyer, Y.; Joseph, I. (dir.). *L'école de Chicago. Naissance de l'écologie urbaine*. Paris: Aubier, 1984.

Gulick, J. *The humanity of cities. An introduction to urban societies*. Granby--Massachusetts: Bergin & Garvey Publishers, 1989.

Hannerz, U. *Explorer la ville. Éléments d'anthropologie urbaine*. Paris: Minuit, 1983.

Hannerz, U. "Os limites de nosso autorretrato. Antropologia urbana e globalização" (entrevista concedida a F. Rabossi). *Mana*, Rio de Janeiro, vol. 5, n. 1, Museu Nacional, pp. 149-55, abr.1999.

Lévi-Strauss, C. "História e etnologia" [1983]. *Textos didáticos* n. 24, Dept. de Antropologia, IFCH/UNICAMP, mar. 2004.

Magnani, J. G. C. "De perto e de dentro: notas para uma etnografia urbana", *Revista Brasileira de Ciências Sociais*. São Paulo/Bauru, vol. 17, n. 49, Anpocs/Edusc, jul./2002, pp. 11-29.

O'Donnell, J. "Cordeiro, Graça Índias & Vidal, Frédéric (orgs.). 2008. *A rua: espaço, tempo, sociabilidade*. Lisboa: Livros Horizonte (Resenha)". *Mana*, Rio de Janeiro, vol.15, n. 1, Museu Nacional, abr./2009, pp. 301-4.

Park, R. E. "A cidade: sugestões para a investigação do comportamento humano no meio urbano" [1916]. In Velho, O. G. (org.). *O fenômeno urbano*. Rio de Janeiro: Guanabara, 1987, 4ª ed., pp. 26-67.

Simmel G., "Digressions sur l'étranger" [1908]. In: Grafmeyer, Y.; Joseph, I. (dir.), *L'école de Chicago. Naissance de l'écologie urbaine*. Paris: Aubier, 1984, pp. 53-60.

Topalov, C.; Coudroy de Lille, L.; Depaule, J.-C.; Marin, B. (dir.). *L'aventure des mots de la ville. A travers le temps, les langues, les societés*. Paris: Robert Lafont, 2010.

Velho, G. "Os mundos de Copacabana". In Velho, G. (org.). *Antropologia urbana: cultura e sociedade no Brasil e em Portugal*. Rio de Janeiro: 1999, pp. 11-23.

Vianna, H. "Agier, Michel. 2000. *Anthropologie du carnaval: La ville, la fête et l'Afrique à Bahia*. Marselha/Paris: Parèntheses Eds. 253 pp. (Resenha)". *Mana*, vol. 7, n. 1, Museu Nacional, Rio de Janeiro, abr./2001, pp. 165-7.

INTRODUÇÃO

Do urbano global à antropologia da cidade

Esta seleção de textos – artigos, capítulos de livros e entrevistas publicados originalmente entre 1997 e 2008, todos revistos para a presente edição – respondem ao convite de Pierre-Joseph Laurent e Mathieu Hilgers para publicar as conferências proferidas no âmbito da Chaire Leclercq da Unidade de Antropologia e Sociologia da Universidade Católica de Louvain, em 2004. Agradeço-lhes calorosamente. As ideias aí apresentadas prosseguiram e foram se aprofundando no meu seminário de orientação de estudos na EHESS ("Antropologia dos deslocamentos e novas lógicas urbanas") entre 2004 e 2008, dedicado à apresentação de uma pesquisa empírica e teórica que foi desde *a etnografia das margens* até a *antropologia da cidade*. Vários textos deste volume surgem desse seminário.

Essa oportunidade permite-me, assim, avançar um pouco mais em direção ao horizonte de uma antropologia da cidade cujo projeto começou a se enunciar há precisamente dez anos, com a publicação de *L'invention de la ville – Banlieues, townships, invasions et favelas.*[1] Ao apresentar uma síntese empírica e reflexões metodológicas (algumas das quais são aqui incluídas, revistas e atualizadas[2]), *L'invention de la ville* questionava a necessidade e a possibilidade de um conhecimento antropológico *na* e *da* cidade. No início, tratou-se de descrever os resultados das minhas investigações e análises em diferentes contextos urbanos da África e da América Latina, procurando apresentar o ponto de vista do antropólogo sobre a cidade: um conjunto de conhecimentos, sempre em desenvolvimento e transformação, a que então chamei de *cidade bis*, ou seja, a cidade produzida pelo antropólogo a partir do ponto de vista das práticas, relações e representações dos citadinos que ele próprio observa diretamente e em situação.[3]

É esse projeto que ressurge aqui, sob a forma de vários esboços e pistas. A partir de três "entradas" distintas e convergentes – os

---

1 M. Agier, *L'invention de la ville – Banlieues, townships, invasions et favelas.* Paris: EAC, 1999.

2 Capítulos 3, 4 e 7.

3 Ver o Capítulo 2. Este projeto de conhecimento fundado no ponto de vista da pesquisa foi explicitado na preparação, com Bernard Lepetit, do dossiê "La ville des sciences sociales" para a revista *Enquête* (n. 4, 1997, Marseille, Parenthèses). Um programa com o mesmo nome desenvolveu-se na EHESS, por Bernard Lepetit, Christian Topalov, Jean-Charles Depaule especificamente. A minha própria proposta deve muito às reflexões formuladas de forma pioneira por Gérard Althabe sobre a investigação do etnólogo na cidade e os seus efeitos, no que se refere ao seu ponto de vista sobre/na cidade (ver, sobretudo, "Ethnologie du contemporain et enquête de terrain", *Terrain, Carnets du Patrimoine ethnologique*, n. 14, 1990, e Urbanisation et enjeux quotidiens. *Terrains ethnologiques dans la France actuelle*, com Christian Marcadet, Michèle de La Pradelle, Monique Sélim, Anthropos, 1985a, reedição de L'Harmattan, 1993). Na mesma perspectiva ver também M. de La Pradelle, "La ville des anthropologues" tomando parte de uma incorporação seletiva na França a partir dos anos 1980 (Grafmeyer; Joseph, 1984", in T. Paquot, M. Lussault et S. Body-Gendrot, *La ville et l'urbain. État des savoirs*. Paris: La Découverte, 2000.

saberes (a cidade dos antropólogos), os espaços (a cidade em processo) e as situações (a cidade em movimentos) – defendo a possibilidade e a utilidade para todos (habitantes, *designers*, observadores e reformadores das cidades) de uma forma de conhecimento antropológico da cidade. Primeiro, é preciso explicitar o que é a cidade para os antropólogos para, em seguida, reconhecer e apoiar a existência de um olhar antropológico sobre a cidade, para além do âmbito da disciplina antropológica e enquanto saber que emerge da própria cidade que, por indução, se constitui como realidade.

É o que explica o passo inicial no sentido de uma reflexão sobre a experiência dos antropólogos nas cidades – experiência pessoal (presente na entrevista do Capítulo 1), mas também experimentação teórica de certos conceitos e modos de observação (Capítulos 2 e 3). Para compreender o presente e prever o futuro da antropologia é essencial ter plena consciência de que a cidade e a rápida urbanização do mundo desde os anos 1950 tiveram efeitos sobre a constituição dos conhecimentos da antropologia em geral, tanto do ponto de vista da pesquisa de campo como dos conceitos que a acompanham. O que trouxe e o que traz a investigação urbana à antropologia? Numa entrevista para a revista brasileira de antropologia *Mana*, Ulf Hannerz, autor do indispensável *Explorer la ville, Éléments d'anthropologie urbaine*[4] fazia a seguinte reflexão, há dez anos: "Estou um pouco desapontado com o fato de a antropologia urbana ter contribuído tão pouco para o pensamento antropológico mais geral. Do meu ponto de vista, por exemplo, as cidades deveriam ser os lugares

[4] U. Hannerz, *Explorer la ville, Éléments d'anthropologie urbaine.* Paris: Minuit, 1983.

estratégicos para pensar a cultura em termos de uma organização da diversidade".[5] As suas próprias investigações sobre a globalização e a complexidade cultural assentavam, essencialmente, em etnografias urbanas.[6] Pode-se mencionar muitas outras contribuições de pesquisa urbana para a antropologia, como a que se refere à reflexão sobre a etnicidade, em particular sobre suas dimensões políticas e relacionais. É interessante notar que as análises de Fredrick Barth sobre as fronteiras dos grupos étnicos se inspiraram amplamente nas abordagens situacionais dos antropólogos da Escola de Manchester nas cidades africanas do Copperbelt, onde as identificações étnicas foram estudadas como modos de classificações sociais urbanas e não como versões alteradas das etnias rurais.[7]

Encontramos uma iniciativa comparável à de Hannerz em Nestor Canclini, que parte das investigações sobre as práticas culturais contemporâneas para chegar à constatação do lugar central que hoje as etnografias urbanas têm na redefinição da antropologia:

---

5 U. Hannerz, "Os limites de nosso autorretrato. Antropologia urbana e globalização" (entrevista concedida a F. Rabossi). *Mana*, Rio de Janeiro, Museu Nacional, vol. 5, n. 1, 1999, p. 154.

6 U. Hannerz, *Cultural complexity, Studies in the Social Organization of Meaning.* Nova York: Columbia University Press, 1992.

7 Ver F. Barth, "Introduction", in F. Barth (ed.), *Ethnic Groups and Boundaries.* Oslo: Universitetsforlaget, 1969 (Tradução francesa em P. Poutignat e J. Streiff-Fenard, *Théories de l'ethnicité.* Paris: PUF, 1995, pp. 203-49); J.C. Mitchell, *The Kalela Dance, Aspects of Social Relationships among Urban Africans in Northern Rhodesia.* Manchester: Manchester University Press, 1956 (Tradução francesa e apresentação por M. Agier e S. Nahrath, in *Enquête*, n. 4 (La ville des sciences sociales), 1997, pp. 213-43); ver também Capítulo 3. Mais geral, sobre os efeitos da abordagem situacional dos contextos urbanos na análise antropológica, ver A. Rogers e S. Vertovec (eds.), *The Urban Context. Ethnicity, Social Networks and Situational Analysis.* Oxford-Washington: Berg Publishers, 1995.

heterogeneidade multicultural e "multitemporal" (perceptível principalmente nas pesquisas sobre o patrimônio), múltiplas formas "de hibridizações" etc. Se as problemáticas urbanas alteraram a antropologia, esta contribui também para a redefinição das cidades, nota Canclini na introdução de uma obra sobre a antropologia urbana no México.[8] Em termos gerais, vemos que, em todas as áreas culturais, a pesquisa urbana foi uma fonte importante para (re)pensar as teorias do contato e da mestiçagem racial ou cultural de que as cidades, enquanto cadinhos de encontros e experiências de alteridade, são exemplares.[9]

Se efetuamos a reflexão a partir do que nos ensina a própria etnografia urbana, podemos então dizer que a antropologia em geral se torna uma antropologia da cidade no sentido de uma experiência localizada de descoberta e de conhecimento, tal como um citadino é de Marselha, Cali, Lomé ou da Bahia porque é lá que vive, aprende e se socializa. Os efeitos dessa proposta aparentemente simples são fundamentais. Por um lado, ela nos permite pensar uma antropologia da cidade que, antes de tudo, revela uma fonte particularmente abundante na qual uma "antropologia geral" pode se enriquecer incessantemente das tensões, incertezas e inovações sociais contemporâneas. O antropólogo encontra na investigação urbana uma fonte inesgotável de problemáticas híbridas e complexas: pode destacar as exclusões e os fechamentos, por um lado, e os encontros e as aprendizagens, por outro, mas pode também aproveitar essa complexidade para procurar o

8 N. Garcia Canclini (org), *La antropologia urbana en México*. México: Conaculta/UAM/FCE (Biblioteca Mexicana), 2005; N. Garcia Canclini, *Culturas híbridas. Estratégias para entrar y salir de la modernidad*. México: Grijalbo, 1989.

9 Ver Capítulo 7.

ponto de equilíbrio entre "o sentido do lugar e a liberdade do não lugar".[10] Isso significa que a antropologia da cidade não precisa do constrangimento institucional dos universos segmentados de conhecimentos, metodologias ou de carreiras profissionais, ultrapassando decididamente o quadro estrito de uma "antropologia urbana" (diferenciando-se, por exemplo, de uma "antropologia rural", de uma "antropologia cultural" etc.).

Por outro lado, a antropologia da cidade não se baseia numa definição externa, urbanística, estatística ou administrativa da cidade. Não há um mínimo demográfico, um modelo de habitat, uma qualidade rodoviária, ou quilômetros de redes técnicas para determinar o objeto de investigação. Não porque esses dados sejam desprovidos de realidade, mas, primeiro, porque sua realidade não esgota toda a cidade viva, e ainda porque ela esgota a si própria, como nos dizem as descrições da desterritorialização do urbano e as teorias sobre o "fim da cidade". Mas, sobretudo, porque, seja ela uma grande cidade, mégapole ou urbanização desterritorializada, o objeto de investigação é demasiado esmagador e, ao mesmo tempo, imperceptível para a pesquisa etnográfica. Isso não é novidade: o invólucro, ou "a roupagem", da cidade sempre foi demasiado grande para o etnólogo, à revelia "das práticas microbianas, singulares e plurais" dos citadinos.[11] "Coisa humana por excelência", a cidade é a "forma mais complexa e sofisticada da civilização", segundo Lévi-Strauss, e também o lugar de uma

10 M. Augé, *Pour une anthropologie des mondes contemporains*. Paris: Aubier, 1994, p. 175.

11 M. de Certeau, *L'invention du quotidien, 1. Manières de faire*. Paris: Gallimard, 1980.

individualização extrema e de um esbatimento dos limites sociais, atingindo um inapreensível caos.[12]

Multitude sem totalidade, a cidade seria, também, demasiado heterogênea para que o próprio antropólogo consiga aceder à sua complexidade sem se perder... mesmo sendo ela geralmente o lugar onde ele tem a sua vida privada e, pelo menos em parte, profissional, o lugar de seu descanso, ou mesmo – de acordo com as palavras autodepreciativas que Lévi-Strauss usou em seus comentários sobre São Paulo, onde viveu entre 1935 e 1939 – o lugar para uma "etnografia de domingo".[13] No entanto, essa diligência baseada numa pesquisa relacional, local e "micrológica", que parecia ser um obstáculo à constituição de uma antropologia na cidade, é, precisamente, o que torna possível a elaboração de uma antropologia da cidade.

Face a um objeto *a priori* "não identificável", o antropólogo pode reconstituir uma representação, necessariamente "construída" de um modo indutivo – da observação à interpretação, da etnografia à análise. Assim, por método, o antropólogo tem necessidade de se emancipar de qualquer definição normativa e *a priori* de cidade para poder procurar a sua possibilidade por toda a parte, trabalhando para descrever o processo. É essa posição que dá ao saber antropológico um lugar à parte e reconhecível no conjunto dos conhecimentos *da* e *sobre a* cidade, disponibilizando-os

---

12 Ver C. Lévi-Strauss, *Tristes Tropiques*. Paris: Plon (Terre humaine), 1955. Yves Hersant faz uma referência na introdução ao dossiê "Lumières sur la ville", Le genre humain, n. 34, 1999. José Guilherme Cantor Magnani consagra-lhe um estudo, levando a uma reflexão sobre a relação de Claude Lévi-Strauss com a descoberta das cidades, especificamente brasileiras e indianas ("As cidades de *Tristes Trópicos*", *Revista de Antropologia*, São Paulo, USP, vol. 42, n. 1-2, 1999).

13 Citado por Magnani, 1999.

para todos. Cidade vivida, cidade sentida, cidade em processo... Trata-se de uma interrogação que diz respeito aos citadinos e à sua experiência de cidades. A cidade já não é considerada "uma coisa" que eu possa ver nem "um objeto" que eu possa apreender como totalidade. Ela transforma-se num todo decomposto, um holograma perceptível, "apreensível" e vivido em situação. Desse ponto de vista, descrever a cidade a partir de situações etnográficas (ou seja, do interior, pelo antropólogo que se encontra, ele próprio, presente e implicado) enquadra-se no mesmo tipo de atitude que consiste em dizer qualquer coisa da "sociedade" que eu nunca vejo: esta, de acordo com Jean Bazin, "não é uma coisa que eu possa observar. Por muito afastada ou pequena que ela seja, o ponto de vista de Sirius já não me é acessível. Eu apenas observo situações".[14]

É essa abordagem que defendo aqui, partindo de duas operações de ordem epistemológica necessárias a uma antropologia da cidade, considerada como aplicação de uma antropologia social e simbólica dos espaços contemporâneos: primeiro, deslocar o ponto de vista da cidade para os citadinos – e assim, parafraseando Clifford Geertz quando fala de cultura, ver a cidade como vive, olhando-a "por cima do ombro" dos citadinos; em segundo lugar, deslocar a própria problemática do objeto para o sujeito, da questão sobre o que é a cidade – uma essência inatingível e normativa – para a pergunta sobre o que faz a cidade. O próprio ser da cidade surge, então, não como um dado mas como um *processus*, humano e

---

[14] J. Bazin, "Interpréter ou décrire. Notes critiques sur la connaissance anthropologique", in J. Revel e N. Wachtel (eds.), *Une école pour les sciences sociales*. Paris: Cerf/Éditions de l'EHESS, 1996.

vivo, cuja complexidade é a própria matéria da observação, das interpretações e das práticas de "fazer cidade".

Não será no momento em que a cidade se "desfaz", diluindo--se no exterior até o urbano desterritorializado e planetário e fragmentando-se em seu seio de acordo com os princípios de um novo "urbanismo em afinidade";[15] não será nesse preciso momento que essa postura antropológica se pode revelar de grande utilidade para reencontrar a gênese e o processo da cidade? Refazer o percurso que vai do despojamento à densidade, do vazio ao pleno, do "deserto" ao "mundo"?[16] E, para esse efeito, orientar o olhar não apenas sobre o que se perde nos espaços "da não cidade"[17] mas também sobre o que aí nasce. Que vida social, econômica, cultural, política emerge nos lugares mais precários e mais extraterritoriais, dando-nos exemplos de cidades em formação?

A partir de investigações etnográficas conduzidas na África e na América Latina, completadas por explanações comparativas a situações europeias, dediquei-me durante vários anos a explorar diferentes facetas de uma mesma questão central: a fundação da cidade a partir das margens urbanas – bairros populares ou "invasões"[18], acampamentos provisórios de refugiados, deslocados

[15] J. Donzelot, "La nouvelle question urbaine" (1999), in J. Donzelot, *La ville à trois vitesses, et autres essais*. Paris: Éditions de La Villette, 2009, pp. 29-52.

[16] Para Hannah Arendt, se o "deserto" é a antinomia da troca social, o "mundo" é, por oposição, o espaço intermediário que liga os humanos (H. Arendt, *Qu'est-ce que la politique?* Paris: Seuil, 1995).

[17] Lugar de desaparecimento do " urbanismo de contacto" segundo F. Choay (ver *Pour une anthropologie de l'espace*. Paris: Seuil, 2006; notadamente os textos reunidos na segunda parte da obra, "L'urbain", pp. 129-251).

[18] Invasão no Brasil (sobretudo na Bahia) e *invasión* em certas regiões da América hispanófona (como em Cali) são os termos com que se designam os bairros de

e migrantes – ou, para dizê-lo de maneira mais geral, pensar a cidade a partir dos espaços precários e certo despojamento de bens, sentidos e relações que desenha a sua primeira imagem, a de uma cidade nua, simples aglomeração densa e heterogênea que se fixa e se transforma sem projeto inicial de cidade.[19] Essa precariedade é perceptível no tempo e no espaço porque esses lugares aparecem, transformam-se ou desaparecem rapidamente; eles surgem, em certa medida, dessa incerteza material e econômica do mundo atual que Zygmunt Bauman qualifica de "modernidade líquida".[20] Mas sua precariedade é também política. Desse ponto de vista, qualquer antropologia das margens urbanas descobre o seu verdadeiro sentido numa antropologia "às margens do Estado".[21] Qualquer

---

ocupação ilegal, geralmente sem equipamentos nem acesso a serviços urbanos. A habitação é de autoconstrução e os habitantes fazem ligações clandestinas às redes de abastecimento de água e de eletricidade até obterem instalação oficial pelos serviços municipais. No Rio de Janeiro, o termo habitual é *favela*; em Caracas *rancho*; em Lima *barriada* etc.

19 A cidade nua reenvia, em parte, à noção de "vida nua", no sentido em que a experiência concreta, vivida, do que é a vida nua (a sobrevivência biológica fora de qualquer reconhecimento de uma biografia social, local, política) se realiza forçosamente num espaço específico, ou em espaços múltiplos que a põem de parte.

20 Z. Bauman, *Liquid Modernity.* Cambridge: Polity Press, 2002.

21 Ver V. Daas e D. Poole (eds.), *Anthropology in the Margins of the State.* Santa Fé: School of Advanced Research Press, 2004. A principal questão política da relegação da questão urbana à escala mundial tem sido abordada em campos próximos dos que são aqui tratados por M. Davis (*Planet of Slums.* Verso, 2006; em francês, *Le pire des mondes possibles. De l'explosion urbaine au bidonville global.* Paris: La Découverte, 2006). Política de banimento e cultura das "margens" urbanas são indissociáveis, como se comprova em algumas obras de referência recentes sobre as favelas no Brasil (L. Valladares, *La favela d'un siècle à l'autre.* Paris: Éditions de la Maison des Sciences de l'homme, 2006), os guetos nos Estados Unidos (L. Wacquant, *Parias urbains. Ghetto, banlieues, État.* Paris: La Découverte, 2006) e, na França, sobre os movimentos dos sem-teto (F. Bouillon, *Les mondes du squat. Anthropologie d'un habitat précaire.* Paris: PUF, 2009) e os subúrbios (*banlieues*) populares (S. Beaud e M. Pialoux, *Violences urbaines, violence sociale. Genèse des nouvelles classes danger*euses. Paris: Fayard, 2003).

etnografia dos lugares de fora (*hors-lieux*) – margens, interstícios, espaços de trânsito, lugares precários, acampamentos e campos – implica necessariamente uma antropologia do *ban-lieu*,[22] lugar de confinamento do banido, cujo afastamento político e territorial permite todas as dominações e exclusões, sejam elas econômicas, culturais ou "raciais". Assim, o exílio imóvel dos habitantes confinados aos espaços de exclusão do urbano encontra o exílio sem saída "das pessoas deslocadas" que não encontram o lugar de chegada da sua viagem, o seu lugar num mundo partilhado.[23]

A privação desses povoamentos humanos e os processos relacionais, culturais e políticos que os percorrem formaram progressivamente a ideia que guia esta antropologia da cidade, delineada aqui de um modo geral em torno das múltiplas maneiras de "fazer cidade". Múltiplos processos falam-nos de uma cidade que começa, em geral, como aquela que me pareceu evidente, observando a transformação de campos de refugiados em cidade, enquanto fato tanto cultural como político.[24] Esses processos de começo da cidade – e da vida – podem ser comparados, por exemplo, indo

---

[22] *Banlieue* pode ser traduzido por subúrbio, conjunto de aglomerações periféricas em redor de uma grande cidade, conhecidas pelos problemas sociais e econômicos que lhe estão associados. *Ban-lieu,* no caso, faz menção aos subúrbios mas enfatiza o caráter de confinamento acima delineado. (N. T.)

[23] Ver M. Agier, *Le couloir des exilés. Être étranger dans un monde commun*. Broissieux: Éditions Le Croquant, 2011.

[24] Ver, na segunda parte deste livro, os Capítulos 5 e 6. Esta questão foi tratada em M. Agier, *Gérer les indésirables. Des camps de réfugiés au gouvernement humanitaire*. Paris: Flammarion, 2008. Sobre o tema, o caso dos campos palestinos é exemplar, ver K. Doraï, "Du camp à la ville.Migrations, mobilités et pratiques spatiales dans les camps de réfugiés palestiniens au Liban", *Asylon(s)*, n. 5, 2007 (Palestiniens en/hors camps. Formes sociales, pratiques des interstices), Terra (http://www.reseau-terra.eu/article802.html).

de um "campo" a uma favela, ou de um acampamento "autoinstalado" de refugiados clandestinos aos acampamentos antigos dos comerciantes itinerantes na África.[25] Tornando-se cidade, o acampamento faz mover as fronteiras da ordem social até ao limite do qual se transplantou.

Essas descrições chamam a atenção para certa universalidade da cidade, pois têm a ver com os começos ou gêneses cujo fim não se conhece. Fundar uma localidade, marcar um espaço, inscrever-se, "nada de mais trivial", explica-nos o historiador Marcel Detienne, "e o resto segue-se".[26] Se essa sequência que acompanha qualquer fundação de lugar se refere incontestavelmente à diversidade das logísticas urbanas possíveis, refere-se também, e sobretudo, a múltiplas formas de agir que se encontram em certos lugares da cidade. Entre o privado e o anonimato, o demasiado próximo e o demasiado longínquo, existem espaços intermediários, ocasionalmente familiares, lugares vagos, desviados ou apropriados, que fornecem as condições de possibilidade de um "agir urbano", atraindo, geralmente, as formas de ocupação ou de invasão urbana, de instalação artística e de manifestação política. Encontramos, pois, na política situações urbanas criadas por esses movimentos, essas iniciativas e essas "desordens", a mesma episteme – modo de conhecimento e de apreensão do mundo – que prevalece na antropologia situacio-

---

[25] Na parte mais oriental da África Ocidental, os bairros de comerciantes estrangeiros haussa eram chamados, no século XIX, "zongo", termo que designava o acampamento no exterior da cidade propriamente dita, esta designada pelo termo "birni". Ver Capítulo 5.

[26] M. Detienne, *Comment être autochtone. Du pur athénien au français raciné*. Paris: Seuil (Librairie du xxie siècle), 2003. Ver Capítulo 6.

nal, *démarche* forjada e desenvolvida na investigação urbana fora da (e às vezes contra a) restrição das definições institucionais e normativas das cidades.[27]

Se está aqui, por conseguinte, a matéria de uma cidade, certamente ela é mais perecível que a da cidade histórica em suas paredes, bem sólida, tanto vertical como horizontalmente, sobre ruas asfaltadas, saturadas de veículos, uma cidade que agora se racha, implode e expulsa até os seus limites e para além deles, se estende e desterritorializa numa urbanização rastejante... mas que, no entanto, continua a representar o modelo urbano de referência para todo o mundo. O conceito de cidade formou-se por uma espécie de decalque do modelo da cidade europeia e mais geralmente ocidental.[28] A hegemonia do modelo confundiu-se com a substância do conceito. Qualquer antropologia da cidade, pelo contrário, na sua vocação "universalista" (uma vez que ela é processual e não substancialista) implica um descentramento do olhar e um "esquecimento" metodológico das definições passadas. As cidades clássicas, medievais, industriais da história europeia forneceram as referências e as ordens de grandeza que se tornaram a medida das aglomerações humanas do resto do planeta, ainda hoje. Mas, no momento em que o fantasma da "não cidade" toma conta do primeiro mundo, as questões e as consequências de outro pensamento sobre a cidade devem ser globalizadas, pensadas em escala planetária.[29] A vida so-

---

27 Ver Capítulos 8 e 9; ver, também, a revista *Multitudes* n. 31, 2008 (dossiê "Une micropolitique de la ville: agir urbain", organizado por C. Petcou, D. Petrescu e A. Querrien).

28 Ver A. Raulin, *Anthropologie urbaine*. Paris: Armand Colin, 2007 [2001].

29 Olhares cruzados entre grandes regiões do mundo são um dos meios para esse descentramento. Ver, por exemplo, os cruzamentos das pesquisas urbanas de antropólogos na Europa e na América Latina na obra de A. Signorelli (1999) e na obra coordenada

cial dos *slums* de Bangcoc, o imaginário de Agua Blanca em Cali, a violência da Rocinha no Rio de Janeiro não são menos da cidade que La Défense ou o Marais de Paris, a Quinta Avenida em Nova York ou os subúrbios residenciais de Los Angeles. Uns e outros designam diferentes "regimes de urbanidade".[30] A sua comparação revela uma desigualdade antes mesmo que se possa interrogar sobre as diferenças. Mas depende de cada um atribuir-lhes plena igualdade epistemológica, no que se refere aos processos de criação e transformação do espaço comum, as situações e os lugares onde a cidade se faz e onde os antropólogos encontram e encontrarão cada vez mais matéria para pensar a citadinidade, a cidadania e o mundo que se segue.

---

por G. Velho, *Antropologia urbana. Cultura e sociedade no Brasil e em Portugal.* Rio de Janeiro: Jorge Zahar Editor, 1999.

[30] Tomando a escala planetária como quadro de sua reflexão sobre as cidades, Thierry Paquot evoca, assim, cinco formas urbanas contemporâneas emaranhadas (o bairro da lata – *bidonville* –, a megacidade, a cidade global, o enclave residencial e a cidade média) e cinco desafios com que hoje todas se confrontam: propriedade, mobilidade, ecologia, política, relação com o outro. Ver T. Paquot, *Terre urbaine. Cinq défis pour le devenir urbain de la planète.* Paris: La Découverte, 2006.

I
A CIDADE DOS ANTROPÓLOGOS

1
UM ETNÓLOGO NAS CIDADES*

DV: Para começar, talvez você pudesse nos lembrar o modo como chegou ao tema da cidade quando começou a trabalhar no Brasil e depois na Colômbia. Quais eram então as suas preocupações e as dos investigadores desses dois países? Em que as suas investigações na África influenciaram a sua maneira de apreender esses novos campos?

MA: O fato de ter já uma experiência de antropologia urbana na África fazia com que eu não estivesse numa investigação de exotismo a qualquer preço e, por conseguinte, a problemática que eu tinha quando cheguei ao Brasil era exatamente a de uma antropologia urbana da mudança social. Inseri-me numa equipe que trabalhava sobre as questões da mudança social ligada à industrialização da região da Bahia havia cerca de quinze anos, equipe coordenada por

* Extrato de uma entrevista com Dominique Vidal, publicada inicialmente em espanhol, com o título "América latina y la antropología de la ciudad", *Anuario Americanista Europeo* (IHEAL), n. 1 (dossiê "Écrire la ville"), 2003, pp. 123-32.

Nadya Araujo Guimarães. Concentrei-me no estudo da cidade propriamente dita, o que significa que estudei a questão da mudança social não nas empresas em si mas do ponto de vista dos bairros de origem da população operária. O que me levou a trabalhar e a viver durante vários anos no bairro da Liberdade, em Salvador. Foi uma incursão etnográfica de longa duração num bairro popular, mestiço, mas não marginalizado (Liberdade, por vezes, é considerado uma favela, mas é uma "invasão" muito antiga que se tornou um bairro popular com cerca de duzentos mil habitantes). Trabalhei com as famílias. A relação com as minhas investigações na África residia no peso da família, do parentesco, que eu tinha estudado no Togo e nos Camarões, já em contextos urbanos. No Togo, por exemplo, tinha trabalhado sobre a ideia de sistema residencial familiar, sobre o modo como as famílias se recompunham em meio urbano continuando ligadas entre si, mas com várias ramificações residenciais. Isso ajudou-me a considerar a questão da organização familiar, talvez de um modo original relativamente aos estudos brasileiros. Mostrei o conjunto dos recursos que as famílias dispunham e que faziam com que os indivíduos permanecessem juntos mesmo em situações de extrema pobreza.

Para um etnólogo na cidade, a ideia não é a de reproduzir uma etnologia dita "clássica", como procurar, custe o que custar, sistemas de parentesco semelhantes aos sistemas de linhagem ou clânicos, ou cortes ampliados que seriam localizados em nichos no meio urbano à imagem do famoso "princípio de corte" de Bastide. Não. Trata-se antes de ver o que o meio urbano introduz como modelos diferentes de organização social, nesse caso familiar. Foi o que me levou a fazer um trabalho sobre os padrinhos, os compadres, as comadres e a ver como, nessas práticas de proteção espiritual e material, é o conjunto da família, e não somente uma criança, que se deve identificar: é toda uma parentela ao redor da família nuclear que, assim, se pode descrever. Isso acabou por me levar a um domínio de reflexão que, no Togo a propósito dos haussas do Lomé, chamei de quase-parentesco, retomando um termo utilizado por M. G. Smith, etnólogo do mundo haussa. Noutros contextos, vê-se que os migrantes utilizam uma linguagem do parentesco para relações que não são diretamente relações pais-filhos, mas que podem ser eventualmente relações de aliança, como entre genros e sogros. Tudo isso está imerso numa linguagem do parentesco e em obrigações muito próximas às do parentesco.

Finalmente, há na cidade o parentesco espiritual, o parentesco de consideração (uma pura linguagem que é um modo de interpelação e aproximação entre pessoas que podem ser amigas e vizinhas), há igualmente o parentesco simbólico de comunidades de culto como nas igrejas ou nos templos de candomblé. Para mim, era sempre antropologia, não pela importância que o parentesco tem para a antropologia, mas porque era possível descrever, na cidade como noutro lugar, níveis de organização social próximos do indivíduo.

Na Liberdade, confrontei-me, igualmente, com a questão das relações raciais. Localmente, pois a Liberdade, embora seja um bairro misto, era também conhecido como o grande bairro negro de Salvador. E também – e isso aparecia-me de forma particular por ser estrangeiro – porque existe nos comportamentos um racismo, um preconceito racial que é extremamente forte, ao mesmo tempo em que há um discurso da cordialidade e a negação do problema racial que também é muito importante. Rapidamente pareceu-me claro que trabalhar sobre a mobilidade social implicava refletir sobre a forma como as pessoas se livram do estigma e, por conseguinte, do preconceito racial na medida em que, logo que um negro se encontra fora do seu lugar social "natural", frequentemente estando na marginalidade, tem de resolver o problema da sua cor. Isso é o sinal do que funda a mestiçagem racial e, ao mesmo tempo, ilustra o que é o branqueamento, ou seja, o problema por resolver da cor da pele. Estando na Liberdade, eu tinha, pois, juntos os problemas da pobreza e da mobilidade social, de relações raciais e emergência da cultura negra, dado que foi lá que foi fundado o bloco carnavalesco Ilê Aiyê com jovens negros ligados aos meios do trabalho e da indústria que depararam com problemas de racismo.

DV: E, depois, na Colômbia, você chegou a uma perspectiva centrada na etnicidade?

MA: Inicialmente sim, com certa ideia de comparação. Embora eu não seja grande adepto do comparativismo, nesse caso concreto sou mais sensível aos contextos. Quando passei a uma reflexão sobre toda a cidade, não desenvolvi exatamente um trabalho comparativo. A comparação está sempre presente, porque se tem sempre presente outra experiência, outro exemplo, mas a comparação é relativamente limitada no seu objetivo. Adotei, antes, uma perspectiva, digamos, transversal, de construção de um objeto à escala global. Procurei pôr lado a lado o que reúne e não o que separa, por exemplo, a questão da segregação ou da criatividade urbana. Assim, era interessante constatar que tudo o que sobressai da cultura étnica, da cultura negra ou afrodescendente, começa nas cidades, é um puro produto das cidades. O que não significa, seguramente, que nos rios e nas florestas do Pacífico colombiano não haja cultura no sentido das manifestações culturais, dos rituais e das crenças; contudo, isso nunca é elaborado como uma cultura unificada que funde uma diferença cultural. É necessário estar em contexto urbano, com as suas diferenças, os seus jogos de espelhos, de trocas ou do racismo para que, em dado momento, indivíduos voltem-se para si próprios e tentem refletir sobre suas diferenças relativamente aos outros e, eventualmente, construí-la, reconstruí-la, desenvolvê-la ainda mais. Uma das conclusões de todo esse trabalho transversal foi, aliás, dizer que, tanto na América Latina como em qualquer lado, a cidade é um fator de etnicização que se aproxima de certa consciência da diferença cultural, e isso mesmo que a cidade contenha elementos que favoreçam a homogeneização, dado que os modos de vida se aproximam de acordo com critérios espaciais ou sociais, assemelhando-se. É precisamente porque se está cada vez mais no mesmo, na identidade, que um certo número de discriminações se revela e se transforma, invertendo-se por vezes, na reivindicação de uma diferença cultural. É nesse sentido que escrevi, voltando à Colômbia, que a cultura negra colombiana começa na cidade, em Tumaco, em Cali.[1]

Nas investigações que fiz em Tumaco, uma pequena cidade do Pacífico, e no bairro de Agua Blanca, em Cali, trabalhei primeiro com as criações culturais, na continuidade do que havia feito no Brasil. Essa investigação inseria-se num programa mais vasto sobre a mobilidade, a urbanização e as mudanças culturais das populações negras do litoral colombiano, uma investigação coletiva coordenada por Fernando Urrea, da Universidad del Valle (Cali),

[1] Ver M. Agier, M. Alvarez, O. Hoffmann e E. Restrepo, *Tumaco: haciendo ciudad. Historia, identidad, cultura*. Bogotá: Instituto Colombiano de Antropologia y Historia, IRD, Univalle, 1999.

e por mim. O agravamento dos fenômenos de violência pós-1997 fizeram com que eu me interessasse pelos deslocamentos forçados e pelo modo como as pessoas incorporavam isso e se ressocializavam num contexto de guerra e violências. O contexto, certa atualidade local e mundial, conduziu-me a uma mudança importante no meu itinerário de investigação. Não deverá o investigador em ciência social estar sempre inquieto quanto ao estado do mundo? Não será essa inquietação precisamente o que indica para que servem as ciências sociais e os seus investigadores? A unidade teórica dessas investigações encontra-se na questão dos processos identitários, de identificação: identificação a uma cultura e/ou um lugar. O que reenvia à questão da identidade no sentido daquilo com que me identifico. Não é a identidade num sentido substancial, abstrato, mas sim em seu sentido situacional: com que tipo de lugar, de situação, de configuração, em dado momento, eu me identifico. A cultura negra não possui nada de ancestral ou original, como alguns dizem, mas permite que as pessoas que vivem em situações de exclusão e de segregação se identifiquem, que possam tecer laços, tecer relações entre si. Essa ligação comunitária surge em dado momento através da identificação com certos elementos de cultura, nesse caso com essa reinvenção das culturas africanas ou afro-brasileiras, ou, ainda, com a reidentificação com lugares para pessoas (deslocados, refugiados) que perderam o lugar onde residiam e se instalaram em outro. A localidade também não tem nada de inscrição ancestral. Ela pode e deve ser reconstruída em cada nova experiência. Appadurai formulou bem essa ideia na obra *Modernity at Large*,[2] não

[2] A. Appadurai, *Après le colonialisme: Les conséquences culturelles de la globalisation*. Paris: Payot, 2001.

tanto quando se situa no nível demasiado abstrato e ideológico, no meu ponto de vista, da escala global, das diásporas pós-nacionais ou do nomadismo universal, mas quando fala de uma maneira bastante inovadora e precisa das múltiplas instâncias e técnicas de "produção da localidade". O local não é um fato da natureza, pela origem, pode ser apreendido numa perspectiva construtivista. É nesse sentido que me parece importante seguir a redefinição dos modos e dos espaços específicos de identificação num mundo ao mesmo tempo globalizado e perturbado.

DV: Você percebeu, no Brasil e na Colômbia, uma clivagem entre sociologia e antropologia tal como existe, por vezes, na França?

MA: Quanto a mim, não acredito nada na validade dessa clivagem que existe sobretudo num plano institucional. Creio que o que mais se deve considerar é o tipo de conhecimento. O da etnografia é o de basear qualquer conhecimento numa relação de investigação pessoal, ou seja, ter escalas que possam apreender qualquer pessoa. O campo é constituído pelas relações que se podem ter, as relações interpessoais que o próprio investigador tem e não um entrevistador que faz o trabalho para ele e lhe presta contas. Essa é a primeira grande delimitação, porque, é claro, as elucubrações teóricas são muito menos postas à prova quando se fica no gabinete e se envia um assistente de investigação para aplicar questionários e voltar com as perguntas às quais as pessoas não souberam responder. É completamente diferente pôr-se em situação de produzir informação. A segunda dificuldade ou, antes, a dificuldade que nasce disso é a de produzir um conhecimento da cidade a partir da relação de pesquisa. Há uma diferença de escala muito importante e que não se pode pretender resolver, pois se perde essa particularidade da etnografia, sendo a antropologia um conhecimento baseado na etnografia e capaz de afirmar coisas com um nível de generalidade e de comparabilidade de alcance universal. O cartógrafo e o urbanista dão uma visão de conjunto da cidade como uma totalidade, embora seja uma totalidade que nunca se vê em sua realidade. Não há a mesma necessidade de verificação do antropólogo, que só baseia o seu trabalho no campo entendido como experiência de certas relações que o fazem conhecer isso ou aquilo. A proposta de uma antropologia urbana, ou uma antropologia da cidade, reside mais num esforço de teorização no qual se evidenciam certos tipos de relações entre as pessoas. Essa é uma questão que me coloco particularmente neste momento, porque refaço um trabalho sobre Salvador, sobre toda a cidade, e interrogo-me se será possível fazer antropologia de toda uma cidade.[3] Tenho tentado trabalhar essa questão abordando, em diferentes escalas, o sentido das relações sociais e o sentido da festa em situações ordinárias e em situações rituais. Será que se pode generalizar as relações interpessoais, as relações de apadrinhamento, as relações de patrocínio, as relações num bairro? Será que tudo isso se pode encaixar perfeitamente como se fossem bonecas russas, será que se pode encontrar um modelo de racionalidade que permita falar do conjunto da cidade à força de se encaixarem as relações umas nas outras? E, da mesma maneira, encontraremos algo similar a propósito da festa? A ideia é partir do nível mais elementar da festa, o aniversário, a forma como se festeja uma pessoa até nas famílias mais necessitadas, que se sacrificam nessas ocasiões, e depois considerar a festa de rua, a festa

3 Ver M. Agier, *Salvador de Bahia: Rome noire, ville métisse* (com fotos de Christian Cravo). Paris: Autrement, 2005.

de bairro, a festa "de largo", a festa de santo, a grande procissão, a festa de carnaval. Talvez essa fosse uma forma de apreender o conjunto da cidade como um sistema de relações e de significações articuladas, sem deixar de ser etnógrafo...

DV: Voltemos, precisamente, ao projeto de fazer uma antropologia da *cidade, e não uma antropologia* na *cidade.*

MA: O que as minhas pesquisas me ensinaram é como as pessoas fazem a cidade. Foi isso que compreendi, pesquisando principalmente em zonas marginais, onde a presença do poder público é fraca e onde as pessoas são obrigadas a inventar por si próprias a sua existência. Foi o que me levou a pôr em dúvida o ponto de vista dos sociólogos que afirmam que a cidade já não faz sociedade. O que pode querer dizer que a cidade deve fazer sociedade? São as pessoas que fazem a cidade, os grupos sociais que fazem a cidade, e não a cidade que faz sociedade. E é este "fazer cidade" que se observa nas relações sociais, em diferentes formas de sociabilidade, que é preciso decifrar melhor; mais do que partir de um modelo de parentesco que não funciona na cidade, como fazem alguns antropólogos, ou partir de um modelo de família que não é suficiente, como fazem alguns sociólogos ou alguns demógrafos. Se as pessoas chegam a viver juntas vinte ou trinta anos em meios de pobreza, é porque têm recursos. Não se trata, pois, de elogiar a "solidariedade familiar" ou reforçar o mito, por serem sistemas de poder, mas porque são sistemas de poder que servem para as pessoas viverem. Para mim, isso é a antropologia da cidade relacional. E, além disso, há a antropologia da cidade cultural: nesses reagrupamentos, nessas investigações de pessoas que produzem o sentido da sua própria existência, elas produzem o quadro desse sentido, a sua simbólica, a sua bricolagem, que pode desencadear momentos de festa: é também o laço cultural entre as pessoas que faz cidade. O laço político é ainda uma outra maneira de fazer cidade, quando atores aparecem e as pessoas, através da mediação desses atores, artistas ou líderes, se identificam com um conjunto, um coletivo, "uma comunidade" mais ou menos imaginária. É por isso que, na minha opinião, falar de uma antropologia da cidade é falar de tudo aquilo que faz a cidade. Apesar de não conseguir apreender a cidade, como totalidade.

DV: Você atribui um lugar importante, nos seus trabalhos, à análise situacional de Clyde Mitchell, insistindo principalmente no fato de essa análise permitir apreender o lugar da cultura na compreensão das interações na cidade. Poderia especificar melhor em que esse interesse sobre o lugar da cultura nas interações se distingue desse outro tipo de interacionismo que, a partir de uma leitura de Goffman, esvazia qualquer referência à cultura ou ao fundo político-social?

MA: O termo "plano de fundo" parece-me o mais preciso, pois reenvia ao que um antropólogo pode fazer: observar situações. Era Jean Bazin quem escrevia mais ou menos isto: "Não vejo nunca a sociedade, vejo apenas as situações". E de igual modo se pode dizer: "Não se vê nunca a cidade, apenas se veem situações que se passam na cidade". O ponto de partida consiste em interrogar-se em que uma descrição é etnográfica, quer dizer, quando eu posso fazer, a partir de uma situação observada, uma descrição que faça sentido, porque ela se repete o suficiente, por exemplo, se ela for repetitiva, banal ou ritual (como a saída anual de um bloco carnavalesco). O que eu procuro na situação não é um ponto de vista minimalista; de acordo com a leitura interacionista à maneira de

Goffman, como você reforçou, não é mostrar que as pessoas se cumprimentam sempre inclinando a cabeça, numa perspectiva próxima do etólogo, que não aborda a questão do sentido. O que procuro é, precisamente, apreender o sentido no contexto cultural, histórico, sociológico, local etc. da situação. O que é interessante na situação é conseguir mostrar em que o contexto é inerente à situação; é estabelecendo a relação situação-contexto que se pode atingir certo nível de compreensão. A análise situacional funciona muito bem, nesse caso. A densidade de uma descrição, para retomar os termos de Clifford Geertz, é quando se consegue juntar esses diferentes níveis de sentido. Clyde Mitchell mostrou, pois, como na dança de Kalela, na Zâmbia, ex-Rodésia do Norte, o desempenho dos papéis entre os dançarinos parecia um desdém racial da separação branco/negro, tratando-se, de fato, de um jogo sobre as propriedades étnicas de pessoas mais ou menos próximas da modernidade. Havia todo um jogo de identificações no ritual e no contexto urbano que levou Mitchell a concluir que, em dado momento, as adesões tribais das pessoas que estavam lá eram formas de categorias urbanas, e não formas antigas simplesmente reproduzidas.[4] As divisões que se manifestavam nessa dança surgiam de novas formas de categorias urbanas. Penso que o meio urbano tem efetivamente necessidade desse tipo de interpretação, porque estamos cada vez mais, como diz Zygmunt Bauman, na "modernidade líquida", quer dizer, a materialidade das coisas torna-se incerta, instável. O que é estável? Constroem-se muito rapidamente edifícios, mas também é possível destruí-los ou mudá-

[4] J.C. Mitchell, *The Kalela Dance, Aspects of Social Relationships among Urban Africans in Northern Rhodesia*. Manchester: Manchester University Press, 1956.

los, como uma *mobile home*; as periferias mudam de aspecto e, na América Latina, bairros de lata transformam-se em permanentes, com habitações sólidas ou, então, são destruídos de um dia para o outro. Para retomar o tema do seu dossiê, "escrever a cidade", escrever certo número de situações precisas é, talvez, tão concreto como escrever os prédios ou os edifícios.

2
OS SABERES URBANOS DA ANTROPOLOGIA*

A reflexão que proponho não trata da cidade, mas da investigação urbana antropológica. Apoia-se num fato: não é a partir da própria cidade que emergem os conhecimentos da antropologia urbana, mas a partir de uma montagem de sequências da vida urbana retiradas de uma ínfima parte do curso real do mundo. O conjunto dessas informações representa uma espécie de cidade bis, como resultado dos procedimentos de coleta e arranjo (organização, gestão) dos dados urbanos. E o que faz o caráter antropológico dessa construção? Em que se diferencia dos resultados de outras abordagens? Num primeiro momento, pode-se reter dois critérios. Primeiro, uma diferença de escala: os conhecimentos produzidos pelo antropólogo estão ancorados no nível microssocial.[1] Sendo geralmente verdade,

---

* A versão original deste capítulo foi publicada na revista *Enquête*, n. 4, Marseille, Parenthèses, 1997, pp. 35-58.

[1] Sob este ponto de vista, a tipologia cultural das cidades que R. Fox constrói a partir das grandes funções urbanas (rituais, administrativas, mercantis, industriais) é mais culturalista que antropológica no sentido em que abandona a escala microssocial

isso significa, contudo, que na cidade os conhecimentos retirados dessa pesquisa de campo são inevitavelmente parciais e só abrangem a totalidade urbana através de procedimentos de análise: metonímias (a cidade é a rua), metáforas (a cidade é uma selva ou um mosaico), comparações (que conduzem, por exemplo, a uma tipologia cultural dos bairros de uma cidade) e diálogo interdisciplinar (encaixe das escalas do etnólogo com as da economia, da macrossociologia, da política urbana etc.). O segundo critério de distinção é o da pesquisa empírica, que, para o antropólogo, se baseia em informações diretas (de primeira mão e de caráter pessoal) recolhidas "no campo", ou seja, no âmbito de relações cara a cara em espaços de interconhecimento acessíveis individualmente. Essas duas características fazem com que seja através de uma sequência de operações indutivas que o antropólogo "eleva" as informações urbanas a construções teóricas da (ou à escala da) cidade. A coexistência de uma prática de pesquisa microssocial e pessoal, por um lado, e, por outro, de um quadro de questionamento (ou mesmo de um objeto) inacessível empiricamente apesar da sua aparência de realidade que se impõe colocam o problema das noções intermediárias que permitem fazer a passagem de uma à outra. É nesse nível intermediário, entre a observação na cidade e sua transformação em saber urbano, que se coloca a presente investigação.

Essa é rigorosamente orientada por questões que surgem da pesquisa antropológica realizada em várias cidades e quer voltar aí da melhor maneira. O seu objetivo prático é, pois, propor à discussão uma espécie de guia da pesquisa antropo-

---

da investigação. Ver R. Fox, Urban *Anthropology, Cities in Their Cultural Settings*. Englewood Cliffs-New Jersey: Prentice Hall, 1977.

lógica na cidade, independentemente dos objetos empíricos de cada investigação. Não se trata de um balanço das escolas do pensamento urbano, nem de uma sucessão de estados da arte sobre os temas abordados, nem de um manual de metodologia de investigação urbana.[2] Trata-se da junção de conceitos intermediários que ajudem a descrever e pensar a cidade numa perspectiva antropológica. Esse projeto pode desenvolver-se a partir de três noções com estatutos diferentes em torno de uma questão em aberto. As três noções – abrindo diferentes janelas de reflexão sobre a cidade – são as de região, de situação e de rede; elas me retornam aos trabalhos das escolas de Chicago e de Manchester. A questão por resolver (através das abordagens "regional", "situacional" e "reticular") é a que aparece desde os primeiros trabalhos de Chicago e até hoje presente na pesquisa de campo, sobre a capacidade de a antropologia construir uma reflexão e uma metodologia centradas no indivíduo inserido em espaços social e culturalmente heterogêneos, sem abandonar suas próprias questões fundadoras relativas à organização social ou à unidade cultural dos povos.

---

2 Esses balanços, esses estados da arte e orientações metodológicas são feitos regularmente. Penso em especial em Y. Grafmeyer e I. Joseph (orgs.), *L'école de Chicago. Naissance de l'écologie urbaine* [1979]. Paris: Aubier, 1984; U. Hannerz, *Explorer la ville. Éléments d'anthropologie urbaine* [1980]. Paris: Minuit, 1983; J. Gutwirth e C. Pétonnet (orgs.), *Chemins de la ville. Enquêtes ethnologiques*. Paris: Éditions du CTHS, 1987. Ver também o dossiê "L'imaginaire de la ville", *Journal des Anthropologues*, pp. 61-2, 1995, e várias sínteses sobre "os etnólogos na cidade", in S. Ostrowetsky (org.), *Sociologues en ville*. Paris: L'Harmattan, 1996. Sínteses e concepções da antropologia urbana foram propostas por A. Raulin, *Anthropologie urbaine* [2001]. Paris: Armand Colin, 2007; e A. Signorelli, *Antropologia urbana*. Barcelona: Anthropos, 1999. Um olhar rápido mas bem informado sobre a história da antropologia urbana na França foi apresentado por J. Gutwirth ("L'anthropologie urbaine en France: un regard rétrospectif", novembro de 2007, artigo *on-line* sobre HALSHS-archives-ouvertes.fr-00267536).

Indivíduo

Colocada pelos investigadores da Escola de Chicago, a questão sobre o individualismo urbano foi se desenvolvendo e a inversão estatística da virada do século (quando mais de metade da população do planeta passa a ser urbana) torna-a ainda mais insistente. Encontra-se nas investigações consagradas a uma antropologia da individualização nas cidades, mas também, mais ampla e universalmente, nas observações e reflexões metodológicas para uma "etnologia da solidão", cujo argumento empírico é fundamentalmente o da generalização do modo de vida urbano.[3]

Os investigadores da Escola de Chicago, nos anos 1920 e 1930, produziram um conjunto de trabalhos empíricos e de instrumentos teóricos que fez com que fossem considerados o grupo "fundador" da investigação urbana nas ciências sociais e, principalmente, em antropologia.[4] Esses investigadores (Robert Park, Robert Redfield, Louis Wirth, principalmente) atuaram num contexto que vale a pena recordar resumidamente, sob dois pontos de vista. Por um lado, como contexto sociológico, a cidade de Chicago tinha-se tornado,

3 Ver M. Augé, *Non-lieux, Introduction à une anthropologie de la surmodernité*. Paris: Seuil, 1992; A. Marie et al., *L'Afrique des individus. Itinéraires citadins dans l'Afrique contemporaine*. Paris: Karthala, 1997; F. Leimdorfer et A. Marie (org.), *L'Afrique des citadins – Sociétés civiles en chantier (Abidjan, Dakar)*. Paris: Karthala, 2003.

4 Seria possível recuar mais no tempo até, por exemplo, os relatos etnográficos de F. Le Play (*Ouvriers des deux mondes* [1857-1885], Thomery, *À l'Enseigne de l'Arbre verdoyant*, 1983) sobre o estilo de vida urbano das famílias operárias no fim do século XIX. Aqui já se encontram histórias de vida, "orçamentos familiares" e descrições da vida doméstica que poderiam muito bem servir de manual de etnografia urbana, mas faltam os quadros teóricos e as questões sociais que, cinquenta anos mais tarde, "farão" a Escola de Chicago, cujos pesquisadores, revolvendo as pistas da sua ascendência, se definiram a si próprios como "etnógrafos-sociólogos"!

por volta de 1930, a segunda aglomeração dos Estados Unidos e a quinta do planeta, com mais de três milhões de habitantes. "Laboratório" para a experiência dos contatos interétnicos, Chicago era também um lugar de emergência de problemas sociais inéditos. Segregação, delinquência, criminalidade, vagabundagem, desemprego, formação de bandos etc., impuseram-se como temas urgentes de investigação, tanto mais facilmente quanto vários pesquisadores dessa "escola" tinham sido, antes, jornalistas e peritos municipais encarregados de conhecer ou de tratar os problemas sociais urbanos. Tal contexto aparece diretamente na primeira questão que surge dessa corrente de pesquisa, a do controle social na cidade: "O problema social é fundamentalmente um problema urbano", escrevia R. Park em 1929, "trata-se de chegar, na liberdade própria da cidade, a uma ordem social e a um controle social equivalentes ao que se desenvolveu naturalmente na família, no clã, na tribo".[5]

O contexto teórico dos trabalhos de Chicago é marcado pela crescente importância da etnografia erudita e profissional (Boas, Lowie, Malinowski), definindo normativamente seus primeiros instrumentos metodológicos ("a observação participante") e teóricos (a coesão social e o funcionalismo das instituições dos pequenos grupos observados). Esses conhecimentos constituem o contraponto antropológico para os pesquisadores da cidade de Chicago. É em contraste com esse modelo que se pode compreender a base teórica desses estudos urbanos que opuseram a cidade à tradição, colocaram a tônica nos problemas de contato e de comunicação e, finalmente, descobriram o individualismo urbano à luz da etnologia rural e comunitária. Nesse sentido, o

---

5 R. E. Park, "La ville comme laboratoire social" [1929], in Y. Grafmeyer, I. Joseph (orgs.), (1984), p. 164.

ponto de partida das pesquisas urbanas foi uma concepção idealizada do mundo rural (amplamente criticada desde então), réplica holista da cidade; constituiu, a maior parte do tempo, por defeito,[6] a problemática "do modo de vida urbano". R. Redfield desenvolveu um ponto de vista evolucionista que opõe a aldeia comunitária à grande cidade heterogênea nas duas extremidades do *folk urban continuum*.[7] E é opondo a sociedade urbana à sociedade tradicional que R. Park vê na cidade o lugar "da emergência do indivíduo como unidade de pensamento e ação".[8] Por último, para falar da cidade como o mundo do indivíduo, L. Wirth retoma e fixa a noção durkheimiana de anomia. De fator de explicação dos comportamentos individuais desordenados que podem levar ao suicídio, como Durkheim a introduziu na sociologia, a anomia tornou-se, no texto fundador de Wirth,[9] parte fundamental da cultura urbana.

Na hipótese individualista, a figura do citadino constitui-se recorrendo a metonímias de cidade de tipo "intersticial" – como a rua, a deambulação ou o tráfego – e a tipos sociais intermédios – como o transeunte, o estrangeiro, o malandro e o trapaceiro. É, pois, às margens, em espaços liminares ou "não lugares", que melhor se definiria o citadino. Nesse quadro, compreende-se por que, desde a Escola de Chicago ou, até antes, desde Georg Simmel, o indivíduo tipicamente urbano é o estrangeiro. Lem-

---

6 Ainda que os estudos de comunidades na cidade (gueto, grupos étnicos, gangues etc.) sejam partes do mesmo quadro teórico e, igualmente herdeiros, principalmente de Park e Redfield, de uma visão nostálgica da "sociedade tradicional".

7 R. Redfield, *Tepotzlan, a Mexican Village*. Chicago: University of Chicago Press, 1930; U. Hannerz (1983), p. 90.

8 R. E. Park, in Y. Grafmeyer e I. Joseph (orgs.), 1984, p. 165.

9 L. Wirth, " Le phénomène urbain comme mode de vie" [1938], in Y. Grafmeyer e I. Joseph (orgs.), 1984, pp. 251-77.

brando a influência de Simmel sobre a Escola de Chicago, Yves Grafmeyer nota: "Porque a cidade põe em presença pessoas que são sempre mais ou menos estrangeiras entre si, o citadino só raramente prescinde de uma distância ao outro que está no centro das relações sociais em meio urbano".[10]

O erro metodológico seria transformar essa relação social citadina numa figura identitária, propriamente urbana, de estrangeiro absoluto (sem identidade, ou seja, livre ou perdido de acordo com o ponto de vista adotado). Ainda que, como o estrangeiro de Simmel, o citadino "não tenha abandonado completamente a liberdade de ir e vir",[11] ele continua apenas um estrangeiro relativo. É pelo menos a hipótese de uma perspectiva antropológica sobre a cidade: serão as abordagens da cidade do ponto de vista das regiões, situações e redes capazes de "circunscrever" o indivíduo? E a que representação da cidade conduzirá essa investigação paradoxal?

Região

Onde se faz o controle social na cidade? R. Park faz referência, em primeiro lugar, às "áreas naturais de segregação": cada área tem uma função dominante na distribuição da população ou das atividades urbanas. Setores da cidade podem ser definidos a partir de uma segregação que se faz espontaneamente ou, na linguagem de Chicago, "naturalmente" (quer dizer, sem política segregacionista voluntária). As áreas formam-se, assim, de acordo

10 Y. Grafmeyer, "Regards sociologiques sur la ségrégation", in J. Brun e C. Rhein (orgs.), *La ségrégation dans la ville*. Paris: L'Harmattan, 1994, p. 93.

11 G. Simmel, "Digressions sur l'étranger" [1908], in Y. Grafmeyer e I. Joseph (orgs.), 1984, p. 53.

com a origem ou a "etnia", por aglomeração progressiva em função das afinidades ou, pelo contrário, por reação aos preconceitos (Little Sicily, Black Belt ou Ghetto), de acordo com a idade ou o tipo de organização familiar concentrada em certas zonas de habitat homogêneo etc.[12] R. Park propõe considerar essas áreas o habitat natural (no sentido ecológico) do "homem civilizado" (o citadino) que ele opõe ao "homem primitivo". Progressivamente, essas áreas transformam-se, no texto de Park, "em meios morais" e em "regiões morais". Antes reservadas a áreas moralmente diferentes do resto da cidade (bairros de prostituição, do crime ou da população de rua), essas noções vão estender-se a todo o espaço urbano, o que permite uma visão segmentar reconstruída em traços gerais.[13] É o que finalmente vai matizar a hipótese individualista de partida: "Em tal sociedade", nota R. Park, "o indivíduo torna-se uma pessoa: uma pessoa é simplesmente um indivíduo que tem, em alguma parte, em alguma sociedade, um status social, mas o status vem a ser, finalmente, uma questão de distância – distância social".[14]

Mas como e por que se utiliza um ponto de vista "regional" sobre a cidade? A região é o que distingue os espaços no conjunto urbano,

---

[12] Como West Madison Street em Chicago, zona de ruas populosas, com as suas dezenas de hotéis cheios de desempregados, *hobos* (trabalhadores itinerantes) e *homeless men* (sem domicílio); Cf. M. Halbwachs, "Chicago, expérience ethnique" [1932], in Y. Grafmeyer e I. Joseph (orgs.), 1984, p. 288; N. Anderson, *Le hobo. Sociologie du sans-abri* [1923]. Paris: Nathan, 1993.

[13] Cf. o esquema de cidade definido por Park e Burgess e comentado por M. Halbwachs, op. cit., p. 291.

[14] R. E. Park, "A comunidade urbana como configuração espacial e ordem moral" [1925], in D. Pierson (org.), *Estudos de ecologia humana*. São Paulo: Livraria Martins, 1948, p. 140.

até numa primeira abordagem "durante uma excursão, mesmo rápida e superficial, através das ruas de Chicago".[15] Em outros termos, se ela permite localizar as identidades ligadas ao espaço urbano, é enquanto identidades externas. Falo de identidades "externas" no sentido de que elas emanam primeiro de um olhar dos atores exteriores ao espaço considerado, mesmo que elas sejam em seguida retomadas a partir de dentro nas relações de ego com outrem. Claro que a dialética identidade-alteridade torna essa definição flutuante. Mas o que pensar, por exemplo, da categoria "índio" na América Latina? Construída pelo poder colonial como identidade étnica contra os etnônimos locais, ela foi reutilizada mais recentemente pelo conjunto político dos grupos locais de origem ameríndia nas suas relações com o Estado.

Aproveitando essa incerteza de fronteiras, o ponto de vista "regional" ganharia, parece-me, em ser aplicado a qualquer espaço, independentemente de seu limite ou de sua escala. Desse modo, poder-se-ia registar a maneira como um lugar é definido[16] pelos atores urbanos quaisquer que sejam (desde o planejador até o habitante do fundo de um beco). Esse sentido do lugar supõe a cidade inteira como contexto de referência. Corresponde a uma cartografia imaginária dos citadinos que vivem em certas partes da cidade continuando a ter, sobre os outros espaços, pelo menos algumas experiências, ideias ou imagens. Para não tomar as identidades como um dado adquirido, convém, além disso, "jogar" com o ponto de vista regional, de acordo com os movimentos de rotação

---

15 M. Halbwachs, op. cit., p. 322.

16 Num sentido equivalente ao que faz com que "uma situação seja definida pelo envolvimento subjetivo dos atores", como se verá mais adiante.

e ajuste usuais da antropologia das identidades. Vou ilustrar com o caso da cidade de Salvador da Bahia, no Brasil.

Desde a sua fundação, na segunda metade do século XVI, uma distinção separava a cidade alta (aristocrática, intelectual e política) da cidade baixa (popular, comercial e portuária). A passagem de Salvador às dimensões das grandes metrópoles latino-americanas traduziu-se, por volta dos anos 1960, por uma inversão de perspectivas.[17] Hoje, a cidade pode ser dividida de outro modo simbólico dual, opondo o lado que dá para a baía e o lado que segue a beira do oceano Atlântico. Uma série de representações (boatos, jornais), trajetos (profissionais, de lazer, familiares), construções (edifícios públicos, igrejas, lojas, residências) e objetos urbanos (veículos mais ou menos luxuosos, vitrinas sobre os passeios, esculturas, lixeiras etc.) compõem, acumulando-se, uma cartografia imaginária da cidade atual.

De acordo com uma separação em duas grandes regiões, o lado da baía (que inclui a cidade baixa e uma grande parte da cidade alta) representa hoje um polo negativo não diferenciado. Agrupa os bairros mais antigos, os mais desvalorizados pela política urbana e abandonados pela população em ascensão social. Aqui se encontram os habitantes mais pobres e com a pele mais escura, vivendo sobretudo em habitat de autoconstrução, ou mesmo em "invasões" (instalações ilegais e precárias) sem ordenamento urbano prévio. Na escala de toda a cidade, essa região é designada como "marginal" ou "periférica", sendo frequentemente esse termo, como no caso da Liberdade (ver abaixo) e mais ainda do centro antigo (Pelourinho), o sinal de criação de uma distância mais social que espacial.

---

[17] De 200 mil habitantes em 1900, a cidade passou a 650 mil em 1960, 1 milhão em 1970 e 2,5 milhões em meados dos anos 2000.

Em sentido oposto, o ordenamento urbano da orla do oceano desenvolveu-se desde os anos 1960. Esta região caracteriza-se pela seguinte aparência: grandes aglomerações de condomínios,[18] prédios altos residenciais ou de escritórios padronizados por um estilo local de arquitetura modernista, numerosos centros comerciais e centros de negócio, concentrações de cinemas, parques de diversões, clubes privados e praias particulares, vivendas fechadas e guardadas etc. com uma população visivelmente mais branca que do outro lado da cidade. De resto, a menos que aí haja um serviço de emprego, os habitantes do lado da baía frequentam apenas excepcionalmente o lado do oceano. É comum ouvir a mídia e os intelectuais falarem, a propósito de Salvador, de "apartheid social".

Continuando a utilizar o mesmo ponto de vista do interior do lado da baía, descobre-se o modo como são definidas outras regiões. Assim, Liberdade (um conjunto de vários bairros que pendem sobre a baía de Salvador) tem uma identificação externa de tipo racial, social e culturalista: é chamado "negro", apesar de as estatísticas indicarem uma mestiçagem dominante.[19] É chamado "proletário" ou "miserável", e no entanto concentra há mais de meio século uma importante população de estivadores e operários que encarnam a ascensão social possível de negros e mulatos da cidade. Por último, desde os anos 1970, é designado como um dos "maiores bairros negros fora da África" pelos grupos carnavalescos negros que se for-

[18] Um dos bairros dessa região foi construído para acomodar principalmente, técnicos e trabalhadores assalariados do polo petroquímico implantado nos anos 1970 na Bahia, e foi chamado "o dormitório do polo".

[19] Contavam-se, no recenseamento de 1980, no subdistrito de Santo Antônio, que inclui Liberdade, 18% de negros, 60% de mestiços e 22% de brancos. Para toda a cidade de Salvador, essas taxas eram respectivamente 17,3%, 58,4%, 24,3%.

maram na Liberdade. Esse movimento cultural favoreceu a criação de lugares com ar "étnico" - como senzala do barro preto,[20] a rua Kingston[21] ou a praça central do bairro, rebatizada em 1992 de praça Nelson Mandela, graças à iniciativa de um político local.

Assim, conhecido na cidade como um bairro negro e proletário, populoso e animado, a Liberdade é um lugar atraente mas também temido e, para alguns, fechado. Nessa identificação contrastante, outras fronteiras imaginárias são definidas pelos habitantes a partir dos sub-bairros e das ruas residenciais. Essas identidades são frequentemente associadas a algumas características específicas que podem, ocasionalmente, repercutir bem ou mal sobre a Liberdade no seu todo, o que, nesse caso, se torna um meio literalmente "moral" no sentido original dado por R. Park. Assim, a avenida Peixe (rua estreita e longa localizada num *bas-fond* em forma de beco) é identificada como a referência dos "marginais" do bairro, autores de diversos delitos (roubo de carros, tráfico de drogas etc.). O estigma e a rejeição podem ser reforçados pelos habitantes das áreas vizinhas, apesar de certo sucesso social que os leva a sentir uma imagem negativa atribuída do exterior ao bairro da Liberdade no seu conjunto, e a demarcarem-se, reservando essa imagem a uma certa parte do bairro, concentrando nela toda a má reputação.

Desde a cidade como um todo até os espaços de interconhecimento (ruas, conjuntos de becos, pracinhas e suas áreas contíguas), a noção de região é útil no registro das identidades. Mas trata-se de identidades relativas, porque as fronteiras da cidade não são nem

---

[20] Terreno baldio onde se realizavam as festas de um grupo carnavalesco negro, de 1976 a 1987.

[21] Rua na qual acontecem os bailes de um outro grupo carnavalesco.

mais verdadeiras nem menos construídas que as da etnicidade.[22] E, tal como nesse domínio, deve-se ter cuidado com as reificações cômodas que mantêm, por exemplo, na metáfora da cidade-mosaico,[23] a ideia de uma transparência de sentido sob forma de grupos socialmente coerentes e espacializados que reencontram, finalmente, o paradigma do gueto.[24] Pode-se dizer que essa via de investigação (incorporada pelos programas de "monografia de bairro" e "estudo de comunidades", independentemente de suas qualidades) representou uma longa e duradoura resistência da antropologia à cidade e ao modo de vida urbano.

O risco culturalista estará tanto mais longe quanto melhor e mais rigorosamente se defina a caracterização moral das regiões urbanas, já evocada por Park. A transformação dos espaços urbanos em fronteiras identitárias, mesmo em sua forma mais completa, a do bairro étnico, é sempre fundada sobre olhares cruzados que põem em jogo diferenças de gostos, de estilos de vida e de comportamentos. O conjunto desses critérios resulta de uma configuração global de valores morais à escala da cidade. Basta evocar as argumentações da diferença entre vizinhos de rua, de bairro ou de cidade para

---

22 Pelo menos como é entendida na perspectiva construtivista de F. Barth (*Ethnic Groups and Boundaries, The Social Organization of Culture Difference*. Boston: Little Brown, 1969).

23 Introduzida pelo próprio Park, "La ville. Proposition de recherche sur le comportement humain en milieu urbain" [1925], in Y Grafmeyer e I. Joseph (orgs.), 1984, p 121.

24 As descrições de Oscar Lewis das *vecindades* da Cidade do México e do bairro Esmeralda em Porto Rico são características da impressão de fechamento físico e social criado pela escrita e servindo de contexto "comunitário" para o estudo das famílias urbanas. Ver *Les enfants de Sanchez. Autobiographie d'une famille mexicaine* [1961]. Paris: Galimmard, 1963; *La Vida. Une famille portoricaine dans une culture de pauvreté*, Paris: Gallimard, 1969.

ver sobre quais princípios se constroem as regiões morais. Assim, em Salvador, nos próprios bairros populares, as estigmatizações mais comuns referem-se aos maus costumes, à delinquência e à aparência. Esses argumentos de acusação ou difamação do próximo (vizinho de rua ou de bairro) voltam aos três registros seguintes: o da ordem familiar (a "mulher de má vida"); o da participação social, e mais particularmente da oposição entre as figuras do malandro (o "pequeno bandido") e do trabalhador;[25] e, finalmente, o das diferenças de estatuto cuja lembrança é sempre sentida como necessária[26] e que se manifesta pelo vestuário, pela postura corporal ou pela cor de pele. Ora, é no conjunto da cidade atual de Salvador que a família, o trabalho e o estatuto (vinculado particularmente à cor) representam as principais linguagens da classificação social. Assim, é a partir de uma configuração específica de critérios morais que a cidade, como um conjunto, se faz espelho de identidades ou mesmo de "fator de etnicidade".[27]

Conceito para um nível intermediário entre a escala microssocial e a cidade como referência global e inacessível, a região moral permite procurar o sentido das classificações socioespaciais correntes.[28] Os últimos limites de sua eficácia heurística são os do

---

[25] A. Zaluar, *A Máquina e a Revolta. As organizações populares e o significado da pobreza.* São Paulo: Brasiliense, 1985.

[26] R. DaMatta dedica todo um capítulo de sua obra sobre as ambiguidades da sociedade brasileira a tratar do "ritual do 'você sabe com quem está falando?'". R. DaMatta, *Carnaval, bandits et héros.* Paris: Seuil, 1983.

[27] J.-L. Amselle, "Ethnies et espaces: pour une anthropologie topologique", in J.-L. Amselle e E. M'Bokolo (orgs.), *Au coeur de l'ethnie. Ethnies, tribalisme et État en Afrique.* Paris: La Découverte, 1985, pp. 11-48.

[28] A título de exemplo, algumas duplicações de grandes cidades que surgem de um tratamento "regional": Rio-zona sul e Rio-zona norte, México e Chalco, Douala e New Bell, Dakar e Pikine, Cali e Agua Blanca etc.

nível apreensível pela pesquisa de campo direta, quer dizer, os do interconhecimento dos atores e do antropólogo. Nesse caso, o ponto de vista sobre a cidade pode "girar" (*pivoter*) e a pesquisa pode centrar-se em situações de interação. Surgem, então, outros problemas de ajuste metodológico.[29]

Situação

Se a região moral permite à análise aceder a uma compreensão do caráter relativo e incerto das fronteiras espaciais e identitárias da cidade, a abordagem situacional, por seu lado, des-espacializa ainda mais a pesquisa urbana: liberta o observador do constrangimento monográfico habitual à etnografia. Porque não são os limites espaciais que definem a situação, mas os da interação. Devem-se aos antropólogos africanistas da Escola de Manchester no Rhodes-Livingstone Institute (na atual Zâmbia), e particularmente a J. C. Mitchell, as elaborações sistemáticas relativas ao conceito de situação na pesquisa de campo urbana. Essa abordagem abstém-se, por escolha metodológica, de fazer intervir o caráter estrutural/institucional das relações observadas. É a observação dos fenômenos na escala interacional que deve permitir identificar os constrangimentos reais da ordem social mais vasta. Para um migrante ou qualquer citadino, o contexto fenomenológico da interação pode variar de uma situação para outra várias vezes por dia (trabalho, família, lazer etc.). Segundo Mitchell, é necessário "pôr todo o peso da análise no contexto da interação e não no

[29] Sobre as relações entre a "região" das ciências sociais e a "zona" dos urbanistas, ver Capítulo 5.

background dos indivíduos implicados na situação ou nas 'culturas' em nome das quais interagem".[30]

Em primeiro lugar, apresentarei a perspectiva situacional tal como J. C. Mitchell a concebe, a partir de duas noções-chave: a "situação" na sua coerência interna e o *setting* (o quadro, a disposição dos constrangimentos). A situação resulta da operação que consiste em isolar intelectualmente um acontecimento ou um conjunto de acontecimentos a fim de facilitar uma análise coerente. Essa coerência é dada, primeiro, "pela definição cognitiva" da situação. Segundo Mitchell, ela precisa de "um mínimo de sentido partilhado" (*shared meaning*), que é o que define "uma percepção social e não individual da situação". O quadro social (*setting*) é, além disso, o "contexto estrutural dentro do qual as interações estão localizadas". É o conjunto das restrições globais suscetíveis de determinar tal ou tal aspecto da situação: densidade residencial da cidade, heterogeneidade étnica e regional, diferenciações econômicas e organização do trabalho específicas de cada cidade, sistema político e administrativo etc. Resta saber quais são os efeitos de um tal contexto sobre as normas (*patterns*) de comportamento dos atores. O debate é recorrente em antropologia. Vou retomá-lo aqui com o objetivo único de fixar usos possíveis da perspectiva situacional na pesquisa urbana.

Para que uma situação suscite interesse antropológico precisa de uma definição *emic* e de uma definição *etic*. De um lado, os atores "definem a situação", envolvendo-se com um mínimo de coerência comunicativa (o que não impede o conflito): é a ideia do "sentido partilhado" (o *shared meaning* de Mitchell). De outro, a situação

30 J. C. Mitchell, "The Situational Perspective", in *Cities, Society and Social Perception. A Central African Perspective*. Oxford: Clarendon Press, 1987, pp. 1-33.

põe em ação constrangimentos "estruturais" ou globais. Além disso, há, em cada caso, certa dose de comportamentos forçados no envolvimento situacional. O sentido que os atores dão a uma situação pode ser mais ou menos imposto ou negociado conforme esta se inscreva num espaço muito estruturado, fechado e regulado *a priori* (por exemplo, uma fábrica, uma escola, uma igreja) ou menos (por exemplo, a vizinhança, a praia, a rua). A abordagem situacional não exclui, por conseguinte, a "realidade" dos espaços urbanos, mas os engloba em sua definição em vez de ser definida por eles (como acontece na monografia de bairro, por exemplo). Pelo contrário, certos lugares podem ser plurissituacionais em função do momento do dia e do envolvimento dos atores presentes. Ao longo de um mesmo dia, um bar do bairro Liberdade pode ser, entre outros, o quadro 1) do encontro de uma das equipes de futebol do torneio do bairro (um grupo de pares com cerca de doze pessoas discutindo e bebendo durante uma hora); 2) de um jogo frenético de dominós juntando outra meia dúzia de homens mais idosos que os anteriores num fim de tarde; 3) da passagem diária, já noite, de um operário regressando do polo petroquímico que bebe uma cerveja, só ou com um colega, antes de ir para casa. Cada situação assim delimitada atribui um sentido diferente à frequência de um mesmo lugar.

A abordagem situacional já traz algo mais que apenas a perspectiva interacionista. Com efeito, na descrição das ritualizações menores que faz Erving Goffman,[31] a "definição" das situações não é nem *emic* nem *etic* (pode tratar-se, ao limite, das interações mínimas das quais fala Hannerz para definir as relações mais urbanas). A definição emana do autor (do qual se pode dizer, ao contrário, que

[31] E. Goffman, *La mise en scène de la vie quotidienne*. Paris: Minuit, 1973, 2 vol.

a intervenção na descrição é máxima). É ele que introduz como modo de leitura a metáfora teatral: a cena, a decoração, os bastidores, os atores, os papéis, e até a representação e o público, são, no uso que Goffman faz, noções metafóricas de uma ponta a outra. E é o mesmo autor que decreta o caráter ritual do que observa, a partir do momento em que identifica ações normalizadas e repetitivas. Essas ritualizações menores não devem ser confundidas com as situações rituais (ver abaixo). Para dar mais densidade, global ou estrutural, à abordagem interacionista – cuja "afinidade" com o trabalho etnográfico sobre o campo é sublinhada –, Olivier Schwartz sugere que se trate as sequências de interações como "unidades empíricas de base", cujo sentido seria abordado à luz do "fato social total" maussiano.[32] Efetivamente, encontra-se nesse caso uma definição *etic* minimalista da situação. Contudo nota-se que o desvio de escalas continua a ser importante entre os níveis empíricos e teóricos, e o estatuto da descrição não é regulado. Em outros termos, a "leitura" das interações através do conceito maussiano de "fato social total" não diz como os atores se apercebem e definem a situação.

Se o interacionismo isolado fica aquém da perspectiva situacional, a abordagem desenvolvida por Gérard Althabe em sua investigação sobre os "processos recíprocos" entre corresidentes de edifícios HLM do subúrbio[33] prolonga-a, ficando mais perto das observações. Com efeito, para Althabe, três elementos, e não mais dois, compõem a situação observada: para além da "coerência dos modos de comunicação" e das "modalidades através das quais as

32 O. Schwartz, "L'empirisme irréductible", posfácio de N. Anderson, 1993, p. 289.

33 G. Althabe, "La résidence comme enjeu", in G. Althabe et al., *Urbanisation et enjeux quotidiens, terrains ethnologiques dans la France actuelle*. Paris: Anthropos, 1985b, pp. 11-69.

regulações da sociedade global trabalham nesse nível microssocial" (que se pode aproximar diretamente do "sentido partilhado" e do *setting* de Mitchell), a pesquisa sobre essas modalidades deve levar o investigador, permanentemente, aos contextos urbanos e profissionais dos diferentes atores em presença. Ora, esses contextos não se situam noutra escala social de acesso mais ou menos arbitrário, eles são os outros espaços sociais aos quais conduzem os trajetos e as redes de cada um dos indivíduos observados. Deve-se ter em conta fatores determinantes como a articulação e os efeitos recíprocos entre as diferentes situações vividas pelos citadinos.[34] A pesquisa revela, assim, os campos sociais essenciais da vida urbana, mais perto dos fatos, e a sua respectiva importância.[35]

Rede

As duas abordagens anteriores mostraram que, para apreender a cidade, o antropólogo pode descrever as suas regiões por referência às representações espaciais e morais dos atores (tocando-se, então, no domínio das identidades relativas) e, em seguida, deve libertar-se da limitação vinculativa das referências espacial e institucional a fim de poder construir quadros de pesquisa interacionais e intersubjetivos, apreendidos em situação. O antropólogo urbano fica totalmente móvel quando, num terceiro tempo, se apoia sobre as diferentes situações para "ver" e "seguir" as redes sociais que operam, *in situ*.

[34] G. Althabe, "Proche et lointain: une figure savante de l'étranger", in S. Ostrowetsky (org.), 1996, p. 80; ver, também, na mesma obra, M. de LaPradelle, "Comment décrire un marché?", pp. 91-104.

[35] A análise situacional será aprofundada adiante, no Capítulo 3, em que são consideradas quatro situações.

É nesse momento que ganha todo o sentido o princípio da articulação das situações na vida dos citadinos, que permite reconstituir a coerência das redes em diferentes ocorrências da vida urbana. Sem entrar em detalhes da sociografia das redes, de um formalismo geralmente inoperante, assinalarei, em primeiro lugar, dois aspectos dessa abordagem – a ancoragem e o desenvolvimento das redes –, para em seguida me dedicar à sua "qualidade".

A ancoragem é, ao mesmo tempo, individual (empiricamente) e estrutural (teoricamente), dado que cada indivíduo retira da sua posição, na ordem social da cidade, certa caracterização moral. A ancoragem é feita, primeiro, pelo ponto de origem, ou seja, o indivíduo como cabeça da rede. Esse indivíduo deve ser escolhido ao acaso (segundo Aidan Southall), deve ser o indivíduo cujo comportamento se quer estudar (segundo Clyde Mitchell), pode também ser um casal (para Elisabeth Bott, que estuda especialmente as redes familiares, introduzindo, então, a noção de *joint networks*).[36] Por último, para Barnes, as redes formam um conjunto de laços (*set of linkage*) no seio dos limites de "não importa que comunidade ou organização".[37] Nesse quadro, ele distingue as interações numa "estrela de primeira ordem" e noutra de segunda ordem: primeiro tem-se o conjunto das relações diádicas de X (cabeça de rede), em seguida as relações diádicas que partem de cada ponto dessa primeira estrela e formam as relações de segunda ordem. A teia alarga-se. Essa

[36] Southall (org.), *Social Change in Modern Africa*. Londres: Oxford University Press, 1961; J. C. Mitchell, "The Concept and Use of Social Networks", in J. C. Mitchell (org.), *Urban Situations. Analyses of Personal Relationships in Central African Towns*. Manchester: Manchester University Press, 1969, pp. 1-50; E. Bott, *Family and Social Network*. Londres: Tavistock, 1957.

[37] J. A. Barnes, "Networks and Political Process", in J. C. Mitchell (org.), 1969, pp. 51-76.

representação dos fatos permite chamar a atenção para fenômenos de proximidade e de distância social (bastante próximos da ideia estrutural-funcionalista de relações "primárias" e "secundárias"). Mas o seu interesse, na perspectiva de Barnes, reside mais no desenvolvimento teórico quase "gráfico" que permite, delimitando o conjunto das redes numa situação dada: Barnes fala nesse caso de "rede parcial", pensando no modelo de uma "rede total". E, para Hannerz, é o conjunto da cidade que se torna compreensível para o antropólogo a partir de sua redefinição como a "rede das redes". Trata-se certamente de representações mais metafóricas que realistas. Essas noções resultam do desenvolvimento máximo da análise de redes, e o seu principal interesse reside na ajuda que oferecem à descrição mais do que na própria observação. Passo a passo, o espaço urbano pode ser representado como um conjunto articulado (rede total) e os meios sociais urbanos podem ser estudados como sistemas solidários, ou mais ou menos facciosos ou "mafiosos" (rede parcial). No contexto teórico atual, não é tão importante marcar, como nos anos 1950-1960, a oposição entre a pesquisa em espaços estruturados e institucionais e a que é efetuada em quadros não estruturados. Mas é possível ver nessas análises de rede objetos bem "urbanos" e atuais tornarem-se de repente mais próximos do antropólogo como as diferentes formas da "gangue", das máfias, dos sistemas de corrupção, das campanhas políticas etc.

Com a ancoragem e o desenvolvimento das redes, um terceiro elemento parece-me essencial. As redes diferenciam-se mais ou menos segundo o seu principal critério de cooperação, ou, em outras palavras, segundo a natureza da relação social que está na base de sua existência, a qual também não ocorreria sem uma função ou um uso. A presença ou ausência de laços de parentesco e a definição normativa dessa relação (filiação, aliança, parentela espiritual ou fictícia), a aproximação por sexo e classe de idade (os grupos de pares), a corresidência (redes de vizinhos, de rua) etc., são critérios de cooperação cuja presença deve ser posta em relação com outros componentes das redes, quais sejam: a ancoragem social, as funções (econômicas ou políticas), o tipo de desenvolvimento formal (até a institucionalização), a inscrição no espaço etc. Por último, nessas redes circula um conjunto de valores, ideias e normas que permitem o seu funcionamento. Tudo isso define o que se poderia designar como a qualidade das redes: a hipótese é que há uma relação substancial entre o tipo de laço social, a função e o conteúdo moral das redes. Examiná-lo-ei numa comparação entre redes masculinas e femininas em Salvador.

Volto ao bairro Liberdade, já apresentado, mais especificamente a um de seus numerosos sub-bairros, ou seja, a um conjunto de dois a três mil habitantes que vivem em vários pequenos edifícios, casas e barracos, distribuídos por algumas ruas asfaltadas e numerosas ruelas e becos, ao redor de uma praça central que identifica o sub-bairro. Dois tipos de redes, uma masculina e outra feminina, desenvolvem-se. A primeira reflete o modelo dos bandos (não necessariamente delinquentes) ou grupos de pares.[38] A ancoragem estrutural dessas redes compreende o universo familiar (núcleo de dois ou três irmãos ou primos originalmente e um grupo), a instituição escolar (colegas de escola primária), eventualmente os quadros do trabalho (mesma empresa). Por sua vez, no entanto, cada uma dessas ancoragens reforça-se através de relações de vizi-

[38] H. Gans desenvolveu análises da cidade em torno da ideia de uma "sociedade de grupo de pares" (*peer group society*) no seu *The Urban Villagers. Group and Class in the Life of Italian-Americans* [1962]. Nova York: Free Press, 1982.

nhança (mesma rua, rua vizinha, ou sub-bairro). É lá também que se desenvolvem as redes. Pouco a pouco as turmas podem cobrir um espaço mais importante, englobando em seu circuito várias escolas ou colégios, e/ou várias ruas e pontos de encontro no bairro.

Como as gangues de Chicago na sua origem, as turmas de Salvador não são *a priori* grupos de delinquentes. São simplesmente "bandos" em que se organizam os lazeres, as saídas, os grupos de carnaval, em que circulam informações sobre o emprego formal ou informal etc. Certos bandos podem, contudo, ser mais ou menos criminosos (chegando ao roubo organizado com assassinato): o que não depende da forma das redes mas dos lugares (regiões morais) onde os membros dos grupos são socializados. Utiliza-se, pois, o mesmo termo, turma, para falar destes bandos delinquentes, ou o termo quadrilha (a quadrilha de Untel) quando a organização parece mais consolidada. Do ponto de vista de seu desenvolvimento formal, uma rede "parcial" de uma centena de pessoas do bairro Liberdade organizada em grupo de carnaval no seu início pode servir de modelo para outros tipos de rede masculina local. Encontra-se um núcleo de três ou quatro "cabeças de rede" e, a partir destas, um conjunto de relações em estrelas: em dado momento, e, nesse caso, na situação ritual do carnaval, o conjunto faz "bloco" ou "família". Os códigos são os que ligam os homens no espaço doméstico: honra, fidelidade, generosidade, respeito pelos mais velhos. Com o tempo e o sucesso, certas redes parciais podem tornar-se instituições mais ou menos formais (associações, empresas). Guardarão os mesmos atributos morais que as máfias e facções mais ou menos legais: serão acusadas por seu paternalismo, seu clientelismo, sua falta de democracia etc.

Os membros das turmas procuram criar códigos, gostos e fronteiras próprias, ainda que os fatores de diferenciação interna não faltem, quer sejam de ordem social (nível de rendimento, escolarização etc.) ou local e interno (liderança das cabeças de rede, importância dos núcleos que estão na origem dos bandos etc.). A tendência é procurar o mesmo (identidade), e haver um relativo fechamento dos grupos, mesmo durante as saídas (em bando) para outros pontos da cidade. Isso vê-se na autodenominação bastante sistemática dos próprios bandos[39] ou, por exemplo, das equipes de futebol que se criam por ocasião dos torneios de bairro.[40] O que se encontra igualmente na atribuição sistemática de apelidos a uns e outros membros das turmas, como um jogo de codificação interno. Por último, a investigação de um lugar personalizado de encontro é sistemática: o canto de rua, o campo de futebol, o limiar da porta de um dos membros do grupo, o bar etc., para cada grupo, são como a fronteira necessária: a esquina ou o pedaço (que é, também, a "parte" ou a "extremidade" do espaço).[41]

39 "Motivação", "Colher de peixe", "Zorra", "Zé Bigode de cera e sua quadrilha".

40 Por exemplo, "Dancing days" (título de uma telenovela de sucesso) para fãs de telenovelas, "Metálica Futebol Clube" e "Crânio Metálico" para jovens fãs de grupos de rock da cidade, "Vira-copos" ou "Papa-água" para aqueles que apreciam, mais que o futebol, a convivência masculina dos bares do bairro.

41 Veem-se, do ponto de vista da organização, códigos internos ou espaços adequados; aproximações são possíveis a outros contextos de "margens" urbanas. Permitiriam destacar, por exemplo, a relação estreita entre a violência e a exclusão social e urbana, através da qual se exprime uma cultura de honra que não tem nada de exótico, seja nos subúrbios populares franceses ou no *barrio* porto-riquenho de East Harlem em Nova York (ver D. Lepoutre, *Coeur de banlieue, Codes, rites et langages*. Paris: Odile Jacob, 1997, e P. Bourgois, *En quête de respect. Le crack à New York*. Paris: Seuil, 2001). Sobre a categoria pedaço, ver Magnani, J. G. C., *Festa no pedaço: cultura popular e lazer na cidade* [1984]. São Paulo: Hucitec, 2003.

Ao contrário dos homens, a ancoragem das redes femininas do bairro encontra-se no universo doméstico, o que não significa um fechamento no espaço doméstico. A socialização das jovens incita-as a tornarem-se protetoras e organizadoras do lar. E as competências femininas ligadas ao mundo doméstico são tanto mais solicitadas quanto as casas são mais pobres, enquanto as classes superiores são caracterizadas pelo fato de os homens terem uma inserção social estável que garante a existência do lar. Um homem do bairro em ascensão social terá tendência a impedir a sua mulher de trabalhar na rua, o que poderia ser a prova de que ele não tem os meios para manter o lar. Mas, tendo em conta a precariedade (econômica e matrimonial) que caracteriza a maioria das casas pobres no bairro, as competências femininas são muito solicitadas. Trata-se de competências profissionais de origem doméstica (as mulheres que têm emprego são geralmente lavadeiras, cozinheiras, faxineiras, costureiras, babás etc.) e competências sociais ligadas a um papel de intermediação. As mediações femininas (que não se confundem com um poder de decisão na família) emanam, em princípio, de uma função de apoio ao papel do homem que sustenta a família. Mas esse papel mediador pode ir até o ponto de permitir a chefia feminina das famílias quando os homens já não desempenham o seu papel de sustento (desemprego, afastamento da família etc.). Em Salvador, 23% das casas e, no sub-bairro estudado na Liberdade, 40% têm uma mulher como chefe de família. As mulheres, e seus filhos, orientam-se então para suas próprias relações familiares nas quais encontram o essencial dos recursos para a família (ajuda alimentar, guarda das crianças etc.), desempenhando mais sistematicamente uma atividade profissional em função das competências assinaladas anteriormente. Geralmente, são também as mulheres que se encarregam da maior parte da escolha de padrinhos e madrinhas das crianças procurando-os em suas próprias redes (vizinhança, parentesco). Se acrescentarmos os contatos com as clientes e as patroas (em empregos majoritariamente informais), vê-se que as mulheres do bairro desenvolvem fora de suas casas uma parte importante de suas relações. O seu espaço urbano define-se a partir de três termos-chave: a rua de moradia, a família e as redes. O seu papel doméstico e mediador explica uma citadinidade marcada pela mobilidade e guiada pela ativação individual de redes relativamente centrífugas.

Tributários de um *a priori* ecológico durante muito tempo constitutivo de seu objeto, os estudos urbanos opuseram sistematicamente a rua e a casa, sendo a primeira realmente urbana e a segunda menos ou absolutamente nada. Ulf Hannerz distingue cinco "domínios" de papéis assumidos pelos citadinos: 1) lar e parentesco, 2) abastecimento, 3) lazeres, 4) vizinhança, 5) tráfego. Ora, o segundo (ou seja, os espaços de trabalho e de mercado) e o quinto (os espaços públicos das ruas, lugares, passeios e outros lugares de interações mínimas) são o que, de acordo com Hannerz, "fazem da cidade o que ela é", ou seja, são verdadeiramente urbanos.[42] Mais recentemente, Isaac Joseph opôs uma abordagem da cidade pelos espaços domésticos – estudos da moradia e de políticas de habitat dominadas pela sociologia da família e que conduziram a uma "falta de conhecimento do espaço urbano" – a uma sociologia do espaço público que permitiria apreender a "cultura dramática própria das cidades", quer dizer, a que nasce da confrontação e

[42] U. Hannerz, 1983, p. 140.

de uma maior visibilidade das desigualdades, das exclusões e das segregações.[43] Se a crítica a certo atraso dos estudos sobre lugares públicos urbanos na França se justifica, a oposição entre o interior doméstico e o exterior urbano refere-se a uma abordagem dos espaços domésticos que duvido que seja completamente exata. O desafio é importante, dado que o risco seria, ao contrário, excluir os quadros e os constrangimentos do universo doméstico da definição de situações "propriamente" urbanas. Uma etnografia do parentesco e das redes familiares urbanas revela-se aqui particularmente útil, e tanto mais interessante para os antropólogos quanto permite ver se é possível pensar a individualização sem a fazer depender necessariamente de um "enfraquecimento das relações de parentesco e [de um] declínio do significado social da família" [44] – enfraquecimento que seria, de acordo com Louis Wirth, mais um passo para o individualismo do modo de vida urbano. Mesmo brevemente evocada, a comparação das redes femininas e masculinas num bairro popular da Bahia mostra, parece-me, uma superação das oposições de sentido entre rua e casa. Certamente, os grupos de pares masculinos (as turmas) existem apenas na rua e em vários lugares públicos. Eles assinalam, contudo, a sua "parte" de espaço, mostrando um gosto por uma territorialidade mais concentrada, centrípeta, e, finalmente, uma preferência pela identidade. Quando saem para outras regiões da cidade, já é em bando: primeiro o grupo se faz, depois circula. Produções de relação social, de identidade e de uma retórica localizada são as principais características desses grupos de pares masculinos. As mulheres

---

[43] I. Joseph, "Le droit à la ville, la ville à l'oeuvre. Deux paradigmes de la recherche", *Annales de la Recherche urbaine*, 64, 1994, p. 9.

[44] L. Wirth, 1984 [1938], p. 272.

circulam não em bandos[45] mas individualmente, e se orientam para espaços mais dispersos: na sua rua de residência; de uma rua para outra; ou seguindo suas redes de parentes, amigas ou clientes dentro e fora do bairro. Sendo determinada pelos constrangimentos do universo doméstico, a sociabilidade das mulheres não é menos circulante que a dos homens e é vivida localmente de maneira mais individualizada. Essa diferença das atitudes urbanas – mais abertas e centrífugas para as mulheres, mais fechadas e localizadas para os homens – leva a algumas normas e papéis familiares que implicam tanto homens como mulheres (embora se diga no bairro, como no Brasil em geral, que "a família é um assunto de mulher"). É o papel doméstico e mediador das mulheres, na organização familiar, que explica um papel urbano marcado pela busca de soluções de sobrevivência econômica e pela ativação de redes abertas: "é preciso se dar bem com todo mundo" é uma das advertências mais ouvidas nas casas das mulheres do bairro. Quanto ao comportamento urbano dos homens, não há nada que possa sugerir um enfraquecimento das regras de parentesco – segundo as quais o nome e a honra familiar se transmitem através de linhas agnáticas. Leva, da mesma maneira que para as mulheres mas com efeitos opostos, ao seu papel familiar: aos homens a preocupação da filiação (que dá a identidade familiar), às mulheres o domínio da aliança (que encarna a alteridade); aos homens, o papel de abastecedor de bens e de território, às mulheres o papel de gestoras das ajudas em redor da casa. É possível então interrogar-se, partindo da família e da casa, se as mulheres não encarnarão, mais que os homens, os

[45] Não há *turmas* femininas mas apenas namoradas, primas e irmãs na periferia dos grupos masculinos.

comportamentos mediadores, individualizados e abertos sobre os outros, que caracterizam o modo de vida urbano.

A cidade em si mesma

O erro inicial da Escola de Chicago foi, sem dúvida, ter se referido ao mundo rural para olhar a cidade e ver aí, por oposição, o lugar de "emergência do indivíduo como unidade de pensamento e ação". Podemos interrogar-nos, pelo contrário, se a antropologia que se pratica na cidade não se tornaria verdadeiramente urbana se esquecesse que teve primeiro de passar do rural ao urbano. Durante décadas, o mundo rural foi ao mesmo tempo a origem mais ou menos próxima dos citadinos e o lugar de formação dos etnólogos, de seus métodos e de seus conceitos. Muitos deles chegaram à cidade após alguns primeiros trabalhos em meio rural e "étnico" em que fizeram sua iniciação como etnólogos. Assim, pode-se dizer que é a partir do mundo rural (empírico e teórico) que se desenvolveu o conhecimento antropológico da cidade e que nasceu, para marcar essa diferença, uma antropologia dita "urbana".

Será possível imaginar hoje uma antropologia na cidade que fosse toda feita a partir das cidades? Nesse sentido ela seria realmente da cidade, não como uma especialidade que reforçaria inutilmente os corporativismos temáticos existentes e que se interrogaria interminavelmente sobre a pertinência de um objeto imperceptível, mas através de suas fontes de conhecimento, como prática de investigação localizada da qual nascem conceitos, argumentos, métodos, desembaraçados da referência rural *a priori*. Fazer antropologia partindo da cidade em si mesma. Essa cidade poderia então começar a ser percebida como lugar por excelência da relação mais que do indivíduo. Essas duas evidências não são sobrepostas, porque o antropólogo apenas apreende a individualidade através de suas mediações. Encontra, no campo, o urbanista praticante que vê a cidade como uma aglomeração fundada para "reduzir os custos da interação" e para favorecer "a busca de conexões pouco dispendiosas".[46] Ora, essa característica interacional da cidade é também, em Melvin Webber, a causa da superação de seus limites físicos: "As formas espaciais [das] interações [dos urbanos] serão sem dúvida cada vez mais díspares, cada vez menos ligadas a lugares de residência ou de trabalho, cada vez menos marcadas pelos traços 'unifocais' que caracterizavam as antigas cidades".[47]

O desenvolvimento atual, sob os nossos olhos, das técnicas de comunicação e as mobilidades profissionais e residenciais deixam pressentir uma urbanização dos modos de vida mais rápida doravante que a urbanização espacial. Desse modo, a cidade, no momento em que pode ser redefinida como um mundo de relações, encontra-se imediatamente ultrapassada por essas mesmas relações. Solidária dessa evolução, a antropologia terá dificuldade em reconstituir o conjunto de seus saberes urbanos – uma cidade antropológica, relacional e des-espacializada – em que a citadinidade acabará por invadir os modos de vida para além dos limites físicos da cidade. Perderá, então, essa linguagem o seu vestígio urbano inicial?

---

46 M. Webber, *L'urbain sans lieu ni bornes* [1964]. La Tour d'Aigues: L'Aube, 1996.

47 Ibid., p. 110.

3
AS SITUAÇÕES ELEMENTARES DA VIDA URBANA*

O passar dos dias, como o curso do mundo em geral, desenrola-se para cada um de nós num encadeamento de situações de interações que distinguimos espontaneamente de acordo com os lugares, as atividades, os horários e as pessoas que participam, ou de acordo com uma combinação específica entre todas essas determinações.

Com efeito, cada um entra numa situação e sai dela em função não tanto dos lugares e dos quadros institucionais onde se desenrola, mas do fato de ele ou ela partilhar o sentido em jogo na situação e compreendê-la o suficiente para poder entrar de uma maneira ou outra nas interações em presença – o que, seguindo alguns (Mitchell e Hannerz, principalmente), designei anteriormente como implicação situacional (*engagement situationnel*). Este condiciona a realidade vivida daqueles.

---

* Este capítulo é uma versão revista e corrigida de "Momentos partilhados: a cidade relacional", in *L'invention de la ville*, op. cit., pp. 91-9.

Podíamos dedicar-nos a distinguir as situações da vida citadina segundo o conteúdo do seu sentido partilhado, dominante e/ou consensual. Ter-se-ia assim acesso a tipologias de situações essencialmente familiares, religiosas, profissionais, clientelistas, políticas, étnicas, "raciais" etc. Nessas tipologias possíveis, o critério para a definição é o que é percebido como objeto dominante das interações. É com esse espírito, parece-me, que Ulf Hannerz distinguiu cinco domínios de interações no interior dos quais se definiria o "repertório dos papéis" de cada citadino: 1) o lar e o parentesco; 2) o abastecimento (trabalho, consumo, acessos aos recursos); 3) os lazeres (quando uma parte dos lazeres tem um formato autônomo do resto da vida social); 4) a vizinhança ("relações de proximidade estável"); 5) o tráfego (rua, grandes lojas etc., de acordo com Hannerz, "a forma pura de encontro entre estranhos").[1] Anteriormente, outro investigador, Aidan Southall, também interessado nos aspectos informais pouco ou nada estruturados da vida urbana, tinha proposto outra classificação de domínios interacionais na cidade: 1) parental/étnico; 2) econômico/profissional; 3) político; 4) ritual/religioso; 5) recreativo.[2] Ulf Hannerz[3] comenta e discute os critérios de Southall insistindo na necessidade, segundo ele, de melhor distinguir os "repertórios" mais "específicos da cidade", os do abastecimento e do tráfego no seu caso. Nessas duas abordagens, há, parece-me, um ponto de vista normativo incompatível com o projeto antropológico.

---

1 U. Hannerz, 1983, pp. 136-41.

2 A. Southall, "The Density of Role-Relations as a Universal Index of Urbanization", in A. Southall (org.), *Urban Anthropology, Cross-Cultural Studies of Urbanization*. Nova York: Oxford University Press, 1973, pp. 71-106.

3 U. Hannerz, 1983, p. 136.

Vejamos, como de resto faz o próprio Hannerz, que a "diferenciação dos domínios é desigual e que varia com as formas urbanas",[4] o que, dito de outra forma, significa que qualquer classificação desse tipo corre o risco de caducar e ser parcial quando se passa de um caso a outro, de uma cidade a outra, de um período histórico a outro. É o risco que corre qualquer tipologia ou classificação substancial presa ao conteúdo das relações em dado momento. A generalização e a abstração são difíceis quando se usa esse método. Poder-se-ia, com certeza, tentar aperfeiçoar a tipologia em função das evoluções recentes do conhecimento das cidades, salientando melhor, por exemplo, o peso do "domínio" (*neo*) comunitário, ou acrescentando um domínio geral, que seria o da exclusão de todos os direitos (direito ao habitat, ao trabalho, à nacionalidade etc.), incluindo aqui uma parte importante da vida de todos os que, na França, hoje são chamados os "sem-direito". Mas, mesmo essas classificações sendo inevitavelmente efêmeras e parciais no tempo e no espaço, elas continuam demasiado simplificadoras e fazem perder a realidade plural ou ambígua de cada situação observada. Há algo de mais profundo que a matéria das interações, que pode ser menos consciente ou à qual os atores dão menos atenção: é a forma de citadinidade que se estende em relação à cidade e em relação aos outros na cidade. Fala-se de citadinidade no sentido de que as ações, as interações e suas representações são definidas a partir de uma dupla relação: a dos citadinos entre si e a deles com a cidade como contexto social e espacial. Essas relações podem mudar em cada implicação situacional (*engagement situationnel*). Com efeito, nesse estado da reflexão, o fato de interessarem mais

4 Ibid., p. 138.

as situações do que as estruturas tem como finalidade não somente revelar realidades "até agora apercebidas como estando marcadas por uma fluidez aestruturada",[5] mas, sobretudo, tentar responder à pergunta: o que define a dimensão relacional da cidade hoje? Que trama social urbana responde às ideologias da atomização e do individualismo urbanos, que situações são vividas relativamente às fraturas e à fragmentação sociais e espaciais, ao acantonamento, à exclusão ou à estigmatização identitária?

Quatro grandes formas ou tipos de situação permitem descrever os diferentes momentos da relação dos citadinos com sua cidade e dos citadinos entre si, na cidade; são: situação ordinária, extraordinária (ou ocasional), situação de passagem e ritual. Para tornar a descrição mais visível, podemos imaginar um triângulo cujos vértices representariam respectivamente o indivíduo, o espaço e a sociedade (ou, mais precisamente, a socialidade, a eficácia de um laço social). Vemos que esses pontos são interligados de um modo diferente de acordo com o tipo de situação em causa.

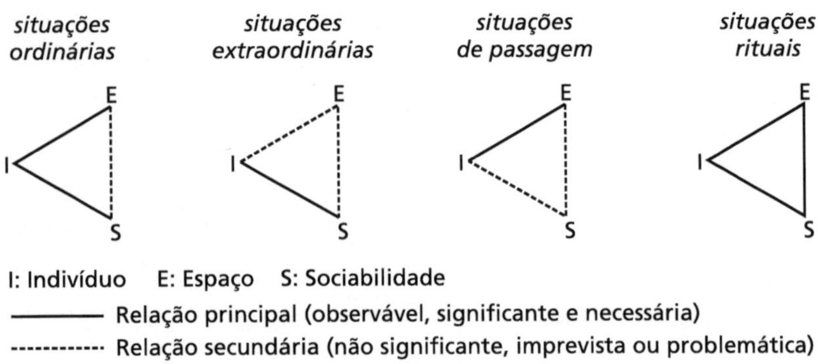

[5] A. Southall, "Introduction", in id. (ed.), *Social Change in Modern Africa*. Londres: Oxford University Press, 1961, p. 25.

As situações ordinárias põem em jogo duas relações - indivíduo/espaço e indivíduo/sociedade –, sem que se possa falar de uma relação clara e permanente espaço/sociedade. As interações de que falamos são regulares, ou mesmo necessárias, sendo, geralmente, localizadas. Assim, a oficina (ateliê), a linha de produção, o escritório ou ainda o estaleiro (sendo, esse último, mais precário) são espaços delimitados que se encontram diariamente, com hábitos (relações sociais de trabalho, um canto para si etc.), "truques" e artimanhas para escapar dos constrangimentos e recriar certa autonomia; são lugares que podem eventualmente tornarem-se familiares. Contudo, nem todas as relações de trabalho são unifocais – aliás, cada vez menos o são –, e a mobilidade dos lugares de trabalho cada vez mais é reforçada, inclusive, pela mobilidade e mesmo pela instabilidade profissional. Não há, assim, nesse caso, uma relação simples, permanente e duradoura entre um lugar e uma atividade social; entre, por exemplo, o trabalho como relação indivíduo/sociedade e a relação indivíduo/espaço de trabalho. O mercado aberto como encontro repetido dos vendedores entre si e com certos clientes fiéis, as relações entre os habitantes de vãos de escada dos edifícios de subúrbio são, aliás, situações ordinárias relativamente previsíveis. No bairro da Liberdade em Salvador, os encontros regulares de bandos de amigos nas esquinas advêm desse mesmo hábito e favorecem certa ligação ao lugar. O que nos ensinam essas situações? É nelas que se pode, sem dúvida, melhor observar os efeitos de pertença institucional (rotina dos funcionários ou dos assalariados de uma fábrica) e os efeitos de lugar (os mundos que circundam o espaço doméstico: avenidas, pontes, *vecindades*, *rôji*[6]). O que não exclui, certamente, a pos-

[6] Ver Capítulo 4.

sibilidade de imprevistos sobre os mesmos lugares. Além disso, falta definir, caso a caso, o respectivo peso dos efeitos de lugar ou institucionais e dos efeitos de rede na vida cotidiana; esses podem estar no centro de situações ordinárias, no sentido de que criam certos hábitos sociais (redes de trabalho, redes de amizades, bandos etc.) mas podem ser móveis pela cidade.

As situações extraordinárias, sejam elas acidentais, raras ou simplesmente imprevistas, acionam códigos e ligações na relação indivíduo/sociedade sem que o espaço desempenhe um papel estável. A relação de um acontecimento imprevisto com o espaço é fortuita ou, ao menos, não é fixa. As reações a uma violência, a eclosão de um movimento de greve, as atitudes perante um acontecimento natural, uma doença, uma briga de rua, são situações ocasionais na medida em que alteram por um tempo o curso normal da vida cotidiana e não são determinadas fundamentalmente por uma localização fixa. Mas, sobretudo, vividas por cada um em função de circunstâncias únicas, essas situações só adquirem um sentido social se forem objeto de um mínimo de interpretação e comunicação entre os atores em presença e se puserem em ação alguns elementos identificáveis da ordem social, a qual é contestada, perturbada ou, às vezes, ameaçada numa situação extraordinária.[7] Uma situação imprevista desenrolou-se entre as pessoas do bairro

[7] Ver F. Bouillon, V. Baby-Collin, C. Bénit, D. Vidal, "Imprévu, mixité, rencontre", in E. Dorier-Apprill e P. Gervais-Lambony (orgs.), *Vies citadines*. Paris: Belin, 2005, pp. 129-48. Uma análise de acontecimentos políticos locais, criando uma situação particular, caracterizada por sua separação da ordem social normal, permite a Mathieu Hilgers propor uma abordagem de situações que têm como enquadramento a cidade no seu conjunto (M. Hilgers, *Une ethnographie à l'échelle de la ville: Urbanité, histoire et reconnaissance à Koudougou* (Burkina Faso). Paris: Karthala, 2009).

zongo de Lomé no Togo na sequência de um roubo importante cometido contra um *mai gida*, grande comerciante, dono de redes comerciais haussa. Por um lado, durante vários meses, uma série de boatos sobre a identidade e a imoralidade do ladrão (um jovem muito próximo do comerciante) foi acompanhada de outros comentários sobre os valores indispensáveis ao bom funcionamento das redes comerciais ("confiança", "verdade", definição da relação de dependência entre os donos e os seus "filhos"), mostrando que uns iam a par dos outros. Por outro lado, a busca do ladrão, os confrontos com o comerciante roubado, com adivinhos, depois com a polícia, assim como a procura do dinheiro furtado, deram lugar à uma mobilização *in situ* e, por conseguinte, a uma notável eficácia da rede social próxima ao dono. O que nos ensinam tais situações? Primeiro, parece-me, a apreender fenômenos fluidos, incertos, inacabados, que escapam ao olhar demasiado preocupado com as estruturas materiais e institucionais, precisamente porque se podem desenrolar *a priori* em qualquer lugar. Em seguida, ver se esses acontecimentos dizem a mesma coisa ou coisas diferentes das situações comuns a propósito da vida relacional nas cidades. Resta saber se há espaços, momentos, ou até cidades, mais propícios ao imprevisto que outros.

As situações de passagem põem em cena principalmente a relação indivíduo/espaço, no sentido de que são marcadas ao mesmo tempo pela individualização (falta de uma relação pessoal e visível com as mediações sociais) e por uma sinalização espaço-temporal dos percursos, que indica uma presença indireta das macroestruturas da sociedade como constrangimento indiferenciado e cego, encarnado em sinalizações, publicidades, instruções de segurança e de circulação etc. Nas situações de passagem, a relação do indivíduo com o espaço urbano é central e pode ter um caráter de regularidade, mas aparece geralmente como um exercício isolado: é o quarto de hotel, é o transeunte solitário, mas são também os momentos de trânsito em automóvel, caminhão, trem, avião, em espaços de circulação, ruas, rodovias, estações e aeroportos. Entrar numa situação de passagem é atravessar os não lugares, percorrer algumas extremidades da cidade "global" e "genérica" definida pela vasta rede de espaços miméticos, superinformados e tecnicamente conectados em diferentes pontos do planeta. Nessa situação, a relação de ego com a sociedade não se cristaliza em nenhuma relação interpessoal precisa; fica suspensa, mergulhada num excesso de materialidade (espaços muito arranjados). Menos solitários, no entanto, são os jovens nos transportes públicos, nos ônibus em Salvador ou em certas linhas do R.E.R.[8] regressando à noite para os subúrbios do norte de Paris. Os espaços públicos de transporte são, por vezes, como uma extensão do bairro e de seus bandos. Uma linha de transporte territorializada, a linha do bonde seguida pela do ônibus nº 8 (Linha 8), na Bahia, ia e vinha da Liberdade: "havia sempre música", conta um habitante do bairro. "Se alguém te incomodasse, a propósito de nada, dizia que estava na Linha 8, da Liberdade, e as pessoas te tratavam sempre com certo respeito." Mais ainda, os trens das *townships*, na África do Sul, perderam progressivamente o seu anonimato e transformaram-se em espaços de cultura política.[9] Os espaços de solidão são, às vezes, investidos por grupos efêmeros. Noutros momentos, o indivíduo circula com a sua unidade social elementar, ora em seu automóvel com sua família nuclear, ora de

---

[8] A Réseu Express Régional – R.E.R. – é uma rede ferroviária integrada ao metrô que serve Paris e sua região suburbana. (N. T.)

[9] Ver Capítulo 8.

ônibus com seu grupo. Só os transeuntes realizam percursos em que cada um individualmente, por si, cada citadino, se sente por um momento entre dois: entre casa e trabalho, entre sua casa e a de um parente, entre a casa de um familiar e a de um amigo. Para quem está em trânsito, o sentido não é dado em função do trajeto: de onde vêm e para onde vão?, já que não posso definir a situação se estou apenas eu e o espaço de trânsito, sem outra informação. "Mas quem o obriga a dar sentido a tudo isso que só foi feito para ser atravessado? E depressa, de carro."[10] A partir daí, o não lugar e a não rede tornam-se realidades temporais sensíveis, sem interação nem sentido partilhado, apenas perceptíveis pelas mediações técnicas do lugar atravessado. Duas nuances devem ser referidas. Primeiro, da mesma forma que se entra nas situações de passagem, também se sai delas. O planeta-cidade, com seus espaços anômicos e suas tecnologias em rede, é mais ou menos extenso conforme as cidades, mais ou menos acessível segundo as classes sociais e mais ou menos funcional segundo os percursos cotidianos individuais (trabalho, lazer etc.). Depois, resta examinar mais sistematicamente as potencialidades dos lugares públicos: como nascem aí laços sociais transitórios e expressões culturais?[11]

Por último, as situações rituais são marcadas por uma distância do cotidiano regrado de acordo com diversas formas liminares (inversão, perversão, travestimento, criação de um mundo imaginário). Num espaço delimitado e apropriado, o tempo de um acontecimento ritual, de um encontro, é simbolizado entre

---

10 F. Maspero, *Les passagers du Roissy-Express* (fotografias de Anaïk Frantz). Paris: Seuil, 1990, p. 30.

11 Uma das características da cultura das cidades é, precisamente, um imaginário baseado nos espaços de transição, entre dois cruzamentos. Ver Capítulo 7.

indivíduos e um coletivo, visível ou não. A unidade indivíduo-espaço-sociedade faz-se de maneira efêmera. De um modo geral, fala-se de festas, danças, carnaval ou ainda ritos religiosos. Uma ordem específica de relações e de identidades só se torna possível pela definição consensual da situação como momento de liminaridade. A dança de Kalela, estudada nos anos 1940 por J. C. Mitchell no Copperbelt – em Luanshya, uma cidade mineira fundada em 1920, na atual Zâmbia –, é um exemplo típico dessa situação.[12] A dança é realizada pelos membros de um mesmo grupo étnico (Bisa), cujos cantos valorizam a origem e ridicularizam as outras etnias. Põe em cena caricaturas de brancos (um médico, enfermeiras e diversas pessoas "bem vestidas" à ocidental). É uma dança de imitação e ironia racial ou competição interétnica?, interroga J. C. Mitchell perante essa situação ritual. A análise das relações raciais, do tribalismo, do regionalismo, do trabalho e da urbanização na (ex-)Rodésia do Norte permite compreender como certos papéis de brancos simbolizam localmente uma subida de estatuto entre os africanos urbanizados em competição no mercado de trabalho do Copperbelt. Se a dança de Kalela exprime efetivamente uma identidade étnica, não é, por conseguinte, como sobrevivência das organizações do meio tribal rural, mas enquanto forma de categorização social urbana no universo de relações intra-africanas do Copperbelt. A dança de Kalela é um dos primeiros casos etnográficos a mostrar que os fenômenos étnicos urbanos existem em si mesmos, e não como subprodutos derivados da etnicidade rural supostamente mais

[12] J. C. Mitchell, *The Kalela Dance, Aspects of Social Relationships among Urban Africans in Northern Rhodesia*. Manchester: Manchester University Press, 1956, tradução francesa in *Enquête*, n. 4 ("La ville des sciences sociales"), 1997, pp. 213-43.

autêntica. Com suas próprias invenções de papéis e os seus disfarces, esse tipo de situação é o lugar privilegiado de elaboração e de aplicação de estratégias identitárias coletivas, mesmo que a cidade ao redor proponha outras formas de classificação social. Identidades efêmeras, inconstantes (entre as quais as produzidas por certos movimentos neoétnicos urbanos, por exemplo) são criadas ao mesmo tempo que mostradas e contrariam os efeitos atomizantes das organizações da cidade e do trabalho.

A importância atual das situações rituais na vida urbana deve-se também ao fato de que são o lugar de um deslocamento da atividade propriamente ritual para uma criação artística, fazendo surgir as "artes de rua". Entre o rito e a performance, a relação é estreita e a progressão pouco perceptível. No primeiro caso, trata-se de exprimir uma força, uma identidade ou uma visão sobre um modo de comunicação simbólico partilhado pelo público; este recebe e responde à mensagem numa relação direta, cara a cara. A dimensão estética está presente no rito, mas de maneira implícita ou escondida. Com a especialização dos atores rituais, por um lado, e o alargamento do público-alvo, por outro, quando o ator passa de sua rua ou de seu lugar à cena ou estrado separado da rua, mesmo que de maneira efêmera, a performance tende a uma atividade mais estética do que ética, na qual a forma da criação perdura, se estiliza, e toma eventualmente o lugar da mensagem inicial, trazendo uma renovação de sentido em função dos novos quadros sociais.[13] A própria cidade, tal como é vivida nesse momento, vê-se transformada nos ritmos e nas ocupações dos seus espaços.

---

[13] Ver o Capítulo 8. Ver também M. Agier e A. Ricard, "Introduction", in *Les arts de la rue dans les sociétés du Sud, Autrepart*, n. 1 (Les arts de la rue dans les sociétés du Sud), La Tour d'Aigues, IRD e L'Aube, 1997, pp. 5-14.

Esses quatro tipos de situações representam o quadro de compreensão mais concreto e, simultaneamente, o menos falso da cidadania. Em sua própria inconstância, essas situações fazem parte da realidade a partir da qual nós interrogamos o sentido dos diferentes momentos da vida relacional, cultural e política dos citadinos.

II
LUGARES E FRAGMENTOS: A CIDADE EM PROCESSO

4
O QUE TORNA A CIDADE FAMILIAR*

Os lugares próximos do citadino são aqueles com os quais ele se identifica o mais espontaneamente possível, são espaços de sobreposição quase perfeita entre um quadro físico e um sentimento de pertencimento a uma coletividade, por menor que ela seja e da qual retira sua primeira forma de identidade entre outras mais afastadas. É, pois, ao mundo doméstico que primeiro se deve dar atenção. A casa é o contexto da primeira socialização e, simultaneamente, o da primeira individualização, pois só nos tornamos indivíduos para os outros entrando no mundo – e antes de tudo no mundo doméstico.

No entanto, muito rapidamente, o domínio dessas relações ditas primárias deve ser alargado, tanto devido à precariedade como à

* Este capítulo é uma versão muito reduzida de "Lieux proches: la ville familière" (in *L'invention de la ville*, op. cit., pp. 33-56). Os três estudos de caso da versão inicial não foram retomados, tendo-se privilegiado uma versão mais sintética e comparativa.

dependência do espaço doméstico em relação aos outros. Com efeito, é suficiente fazer uma observação repetida (ao longo de vários meses ou anos) dos mesmos indivíduos e meios sociais para se dar conta do caráter efêmero dos grupos domésticos na cidade. Esse caráter se deve, em primeiro lugar, ao simples desenvolvimento dos próprios ciclos familiares, que faz com que os grupos domésticos sejam, geralmente, as realidades menos estáveis entre todas (antepassados, nome, reputação, herança, direitos fundiários etc.) do universo familiar. Nas cidades dos países em desenvolvimento, acresce o fato de que os meios pobres, majoritários, sejam caracterizados precisamente por uma instabilidade – profissional, econômica, matrimonial, residencial – que reforça essa primeira precariedade, estrutural. Assim, no Brasil, existe uma longa série de "arranjos" domésticos cuja complexidade é, frequentemente, associada a situações de pobreza: incorporação dos avós no grupo doméstico de um dos filhos (com mudança de estatuto); rupturas matrimoniais com transformação de um grupo (de patri a matrifocal) e, por vezes, formação de um outro grupo doméstico (início de um novo, simples); simultaneidade de dois ou três casais mantidos (desigualmente) pelo mesmo homem (poligamia de fato); e, sobretudo, a circulação das pessoas (e não somente das crianças) de um grupo doméstico a outro com mudança de estatuto no grupo (de chefe precário a dependente, por exemplo) em função dos acasos econômicos.

Assim, à escala microssocial e nas situações econômicas mais precárias, os lugares nos quais os citadinos fundam sua primeira pertença estendem-se desde logo para além do seu universo doméstico, frágil no tempo e relativamente incompleto do ponto de vista de suas funções socializadoras. A atribuição de um sentido familial (ou, de um modo geral, familiar) aos espaços da vida ultrapassa, pois, o quadro residencial único da família urbana e atinge diferentes partes da cidade (redes de casas, ruas, pátios), cuja frequentação e interpretação continuam a ser largamente privadas.

Para além da casa e do parentesco. Uma etnologia das vielas

Como apreender e compreender a possibilidade dessa familiaridade da cidade? Por seu início, quer dizer, não no próprio espaço, mas na mais estreita determinação daquilo que é vivido pelas trocas e pelos estatutos familiares. É o que se passa, por exemplo, com certas linhagens (em geral autóctones ou estabelecidas há muito) que percorrem várias gerações numa capital africana como Lomé, no Togo. A situação urbana dessas linhagens é, hoje, a de sistemas residenciais relativamente solidários. Mas as segmentações formalmente lógicas das linhagens, ao longo das gerações, acompanharam o desenvolvimento demográfico, econômico e espacial da cidade, o que conduziu a uma dispersão crescente das mais importantes linhagens na cidade, tanto no plano residencial como profissional. Os laços mantidos hoje entre os grupos domésticos podem já não fornecer, explicitamente, a chave genealógica do seu sistema residencial, mas este pode ser recomposto através da pesquisa de campo.

Contudo, os próprios sujeitos "relativizaram" esses quadros genealógicos, transformando e complexificando pouco a pouco seus sistemas residenciais. A maior linhagem que se estende pela cidade é também uma linhagem em dispersão.[1]

---

1 Um estudo de caso sobre a dispersão e a reorganização de uma linhagem urbana em Lomé, capital do Togo, apresenta-se em M. Agier e T. Lulle, "Héritiers et prolétaires – Travail, mobilité sociale et vies de familles à Lomé (Togo)", *Cahiers des Sciences Hu-*

No bairro da Liberdade, em Salvador, os habitantes das "avenidas" (ruas para pedestres, que se encontram nos bairros populares) tentam tornar o espaço urbano mais familiar criando redes de casas que ultrapassam o próprio quadro residencial-familiar. Com efeito, as casas mais pobres assentam numa abertura relacional, que representa certa concepção – muito pragmática em seus fundamentos – da vida na cidade, tornando-a mais familiar do que pode parecer à primeira vista. Um espaço urbano de proximidade no seio das avenidas e nos bairros próximos, imprime, significativamente, um modo de relacionamento familiar.

As mulheres desempenham um papel central na familiarização dos lugares próximos. As avenidas são seu principal quadro de vida cotidiano: ali estão suas casas, as casas de suas amigas, comadres e parentes. Elas se encontram e tagarelam nos "corredores" das avenidas e nos limiares das casas. Ao fundo das avenidas lavam a roupa em tanques fixos no chão e utilizam um varal comum. Nascem amizades, aparecem rivalidades entre as casas, sendo identificada cada residência por referência à dona da casa (vai-se à casa da dona tal, mesmo quando o chefe de família é um homem). Os serviços prestados e os jogos das crianças, que vão à casa de amigos ou parentes, ritmam as trocas. Ao contrário dos homens, as mulheres têm também, nas avenidas, um espaço de trabalho: no que toca ao cuidado da casa, em primeiro lugar, mas também ao trabalho remunerado (geralmente lavadeira, costureira, empregada de cozi-

---

maines XXIII (2), IRD, 1987, pp. 215-41. Sobre a formação dos sistemas residenciais nas cidades africanas, ver E. LeBris, A. Marie, A. Osmont e A. Sinou, "Résidences, stratégies, parenté dans les villes africaines", *Les Annales de la Recherche Urbaine*, n. 25, 1984, pp. 13-30.

nha). Ao contrário, os homens aqui são um pouco marginalizados: só ficam lá quando estão doentes, fracos ou desempregados, e as mulheres não poupam piadas e comentários a propósito. O cotidiano das avenidas é, por conseguinte, amplamente feminino.

Além disso, o quadro do parentesco, real ou espiritual, não é estranho à abertura social das avenidas sobre seu ambiente imediato, apesar de sua configuração física – a de um corredor estreito e sombrio – dar uma impressão de encerramento. Na estratificação social dos sub-bairros que compõem o conjunto da Liberdade, as casas mais pobres são vistas como marginais ou carentes. Encontram-se aqui parentes, também padrinhos e compadres/comadres no bairro à volta, sobretudo entre pequenos empregados, operários e pequenos comerciantes. A troca social e, até, certa mobilidade (principalmente das crianças) são permitidas pelo parentesco espiritual. A familiarização das relações locais usa também vias metafóricas. Às relações estritamente familiares e às relações de compadrio, acrescenta-se um uso generoso dos termos de parentesco. É o caso das relações ditas de "consideração", que utilizam a linguagem de uma relação institucionalizada (parentesco, aliança, apadrinhamento) para distinguir o caráter privilegiado de uma amizade ou de uma dependência: um amigo querido é "um irmão de consideração", um protetor é "um padrinho de consideração" etc. O uso desses termos intervém ainda nas maneiras de interpelar as pessoas da vizinhança a quem se deseja manifestar uma atenção particular com os títulos de irmão, cunhado ou compadre.

As relações que acabamos de apresentar brevemente reproduzem numa escala de interconhecimento a forma comum de um paternalismo que pode, ocasionalmente, ser autoritário, arrogante ou estigmatizante, como se vê na escala da sociedade baiana como um todo. É a esse preço que os espaços são investidos de significados para além do universo doméstico sem, contudo, se opor a ele: lugar de residência, rua e vizinhança, lugar de trabalho, lugar de abastecimento, de jogo ou lazer, tornamos familiar toda uma série de lugares da cidade. A soma desses lugares indica o oposto da estranheza, mas um tecido de relações estreitas, que nos asseguram certa familiaridade da cidade.

A escala microssocial onde se situam essas observações corresponde a um tipo de urbanismo que Françoise Choay designou como "um espaço de contato".[2] Certos bairros populares, à imagem desses da Bahia, são espaços que, geralmente, não foram feitos pelos serviços de urbanismo e, no entanto, são essenciais para a sociabilidade urbana. São particularmente comuns e dinâmicos nos países pobres de urbanização recente. Mas outros exemplos, numerosos, existem praticamente em todas as cidades do mundo. Assim, no âmbito de um estudo efetuado na baixa da cidade de Tóquio, a arquiteta Claire Gallian propôs distinguir diferentes tipos de rua em função da sua morfologia, de suas interseções e, sobretudo, de sua dimensão e dos papéis que lhes são atribuídos[3]. A partir desses critérios, é possível caracterizar da seguinte maneira os atuais

---

[2] F. Choay, "Six thèses en guise de contribution à une réflexion sur les échelles d'aménagement et le destin des villes", in A. Berque (org.), *La maîtrise de la ville*. Paris: Éditions de l'EHESS, 1994, p. 221 (artigo retomado em F. Choay, *Pour une anthropologie de l'espace*, 2006, pp. 154-64).

[3] C. Gallian, "Pratiques de l'espace urbain. Évolution de la relation privé/public dans l'habiter au Japon", in A. Berque (org.), *La maîtrise de la ville*, 1994, p. 500. A rua, concebida como espaço de sociabilidade e de profundidade histórica capaz de clarificar a análise de toda uma cidade, se presta a vários tipos de investigações, seja de caráter monográfico (ver P. Fournier et S. Mazzella (org.), *Marseille, entre ville et ports. Les destins de la rue de la République*. Paris: La Découverte, 2004), seja com

espaços de contato: unidade da forma arquitetônica (em geral, das casas de um pavimento), passagens estreitas que só permitem um único acesso pedestre, possibilidade de uma porta ou pórtico com indicação do nome do lugar ou dos habitantes, acessibilidade ao público, mantendo simultaneamente um estatuto privado. Esse tipo de viela, antiga ou emergente, reencontra-se em numerosas cidades: as palafitas das cidades do litoral pacífico colombiano (Tumaco ou Buenaventura) – e as *puentes* (pontes), microbairros de casas e de passagens amontoadas –, as *vecindades* da Cidade do México, os cortiços de São Paulo, as *callejones* de Lima, as *rôji*, vielas da velha cidade baixa de Tóquio. Nestes últimos, nota Claire Gallian, "o limite entre o público e o privado não é claro e o espaço da rua parece simplesmente prolongar o espaço doméstico que se encontra ao rés do chão".[4] Trata-se de uma das principais características das avenidas de Salvador.

Constata-se assim que nem todas as formas urbanas apresentam as mesmas potencialidades relacionais, facilitando, algumas mais que outras, uma apropriação do espaço público pelos habitantes. No entanto, a própria privacidade é o princípio de sua forma material, ainda que às vezes a memória dessa gênese se tenha perdido. Convém recuar até essa forma inicial, fazendo, de cada vez, sua história, descrevendo seu processo, para apreender, hoje, as possibilidades de sua reativação a partir de qualquer "matéria" urbana – cidade popular de subúrbio, conjunto de moradias, bairros renovados dos centros da cidade... ou *townships* recicladas. As avenidas dos bairros

---

uma abordagem sintética e comparativa (ver G. Índias Cordeiro e F. Vidal (orgs.), *A rua. Espaço, tempo, sociabilidade*. Lisboa: Livros Horizonte, 2008).

4 C. Gallian (1994), p. 502.

populares da Bahia são marcadas por apropriações do espaço, no sentido da personalização e da familiarização do espaço comum próximo e de sua transformação num espaço próprio. Ao mesmo tempo, elas permitem, por sua morfologia, uma observação em rede. É por isso interessante retornar, resumidamente, à história dessa forma urbana no limite entre público e privado.

Em Salvador, avenida é o nome que se dá, em princípio, aos alinhamentos de pequenas casas geminadas. No centro histórico da cidade, no século XIX, as avenidas eram os corredores das habitações dependentes situadas na parte traseira das casas abastadas que davam diretamente para a rua. O termo permaneceu em uso para designar as pequenas ruas (para pedestres) de habitação. Becos, travessas, pátios ou vielas são longos corredores a céu aberto, de trinta a cem metros de comprimento e dois a três metros de largura, com chão de terra batida ou cimento. Algumas tornaram-se longas escadas que descem as colinas, encontrando-se com outras ruas idênticas, seguindo-se outras ainda, acabando por compor, através dos anos, a paisagem labiríntica das "invasões". As habitações formam fileiras apertadas, de ambos os lados do corredor: casas com paredes de terra, de tábuas ou de tijolos.

As avenidas, tal como são conhecidas hoje no bairro Liberdade, de Salvador, foram abertas nos quintais das casas que têm lojas para a rua, entre os anos 1940 e 1960, ou seja, durante os intensos fluxos de migrações que chegavam da região circundante (o Recôncavo) para Salvador, a capital do estado da Bahia. Em geral, o proprietário de uma casa com loja para a rua e do terreno situado na parte de trás da casa (ou o ocupante que se declarava proprietário) cedia, em troca de um aluguel não declarado, as partes desse quintal traseiro, nas quais os ocupantes construíam a sua habitação. Foram criados, assim, espaços próprios, designados como "invasões", sendo umas de dimensão reduzida (com dez a quarenta barracas no caso de uma avenida), outras muito mais amplas, como são as "invasões" criadas mais recentemente na periferia de Salvador. Na Liberdade (que se pode qualificar como uma antiga "invasão" tornada hoje um bairro popular intramuros), essa dupla prática de abandono/invasão instituiu-se, em certos casos, como uma prática meramente imobiliária: as pessoas do bairro guardam ainda a recordação de algumas famílias conhecidas por terem "aberto" numerosas avenidas sobre antigos terrenos vagos do bairro entre os anos 1940 e 1960.

Diz-se a "avenida Untel" (nome do primeiro que a abriu), o "beco do Sabão" ou "do Vinagre" (fazendo alusão a antigas fábricas artesanais situadas no fundo das ruelas). Há uma continuidade entre os espaços privados (as casas térreas), semipúblicos (corredores, fundos e entradas das avenidas) e públicos (ruas asfaltadas e praça central dos sub-bairros), até a rua principal do bairro da Liberdade. Do ponto de vista "do urbanismo como modo de vida", de acordo com a fórmula de Louis Wirth, convém sublinhar a ausência de fechamento social dessas vielas. Não é a configuração "de uma aldeia na cidade", mas, antes, a de uma lenta passagem que leva, pouco a pouco, as relações fixadas e localizadas no universo doméstico a relações que se alargam sobre outros espaços urbanos. Assim, os percursos dos habitantes na cidade surgem mais como momentos de relações sociais.

Lugares, não lugares e laços

O tipo de espaço urbano representado nas avenidas da Bahia, nas *vecindades* da Cidade do México, nas *puentes* em Tumaco ou nos *rôji* em Tóquio encarna bem a ideia "de um lugar antropológico", como Marc Augé o definiu:[5] não a ilustração da transparência entre as dimensões do indivíduo, do social e do local, à imagem da aldeia mítica ou do gueto, mas um espaço de relações, de memória e de identificação relativamente estabilizadas. Que todas essas formas possuam um nome específico nas linguagens urbanas locais confirma a sua forte personalidade. Essa representação contrasta com aquelas do anonimato e da impessoalidade dos lugares. O não lugar é perceptível a partir da experiência da passagem, do tráfego ou da deambulação urbana, e é caracterizado pelos excessos da "sobremodernidade": a contração do espaço em escala planetária, graças ao desenvolvimento dos meios de transporte e de comunicação, a retração do tempo e da história pela onipresença das informações midiáticas e a predominância do indivíduo como modelo de ação e de comunicação. Pode-se aproximá-los das características da "era pós-urbana" evocada por Françoise Choay, que sublinha, além do mais, que à idade do urbanismo dominado pelo princípio da circulação corresponde o fim da escala intermediária entre o indivíduo e as megaestruturas.[6] Nos não lugares urbanos, as práticas citadinas são essencialmente individuais tanto em sua ação como em seu alcance imediato. O fim da cidade, que, de acordo com

---

[5] M. Augé, *Non-lieux. Introduction à une anthropologie de la surmodernité*. Paris: Seuil, 1992.

[6] F. Choay, 2006, p. 223.

Françoise Choay seria o desaparecimento da escala intermediária, ou local, seria, por conseguinte, também o fim do sujeito, na acepção de um ator que tenha perdido qualquer possibilidade de agir sobre o futuro social do mundo que o cerca mas que lhe foge, lhe escapa e pelo qual, cada vez mais, ele apenas passa. Cada um passeia, corre, senta-se no chão ou fala sozinho na indiferença de todos os que com ele se cruzam.

E aqui estamos perante a evidência da negação da cidade: a "não cidade". Daqui nascem questões cuja solução pode conduzir a uma outra problemática da cidade: como se faz a costura entre os espaços, os trajetos? Pode-se localizar a relação (ou a falta de relação) entre a familiaridade dos nossos lugares e a estranheza de espaços de ninguém? Haverá uma interface entre lugares e não lugares? Como passamos de uns aos outros e como, de acordo com as situações cotidianas, um não lugar se transforma em um lugar? Essas questões, vemos bem, não são apenas questões urbanas. Se elas surgem primeiro na cidade, e até a caracterizam, de um modo geral elas põem em causa as formas da participação social e política – ou seja, as formas da passagem da pessoa, dotada de uma identidade definida por sua relação com os outros em seu espaço de vida próximo, ao sujeito, o citadino que age para com os outros próximos e distantes a partir da sua ancoragem social. Existe uma dinâmica social nos pequenos mundos urbanos relativamente localizados, como os que foram acima evocados.

Devemos partir dessa dinâmica, e seria muito reducionista dizer que se trata de uma dinâmica "interna". Ela nos leva a duas constatações. Por um lado, as concepções do lugar, principalmente as ligadas ao conceito de linhagens, mostram que a forte densidade cultural de certos lugares, assim como a fixação que sentimos a seu respeito, vêm de dimensões que não dependem, diretamente, das estruturas materiais urbanas. O sentido do lugar é condicionado estreitamente pela existência de uma troca simbólica e social da qual é o seu suporte.[7] Nesse quadro, a questão sobre o espaço físico está bem presente, mas secunda ou, para usar uma expressão clássica e mais precisa, a simbólica do espaço "é sobredeterminada" pela simbólica das relações sociais que aí se localizam. Assim, o foco dos terreiros, ou seja, a energia vital transmitida pelas divindades do culto afro-brasileiro, pode "ser fixado" sobre um novo terreno, se necessário, mediante diversos procedimentos rituais. É esse foco e, por trás dele, as necessidades e as estratégias do "povo de santo" que farão existir alguma porção de terra, árvores, cimento e telhas como lugar santo. Por seu lado, os sistemas residenciais familiares de hoje, nas grandes cidades africanas, são o produto direto das estratégias adaptativas de reorganização dos laços familiares num espaço não fixo. De acordo com essas pesquisas, os lugares são densos no que se refere ao sentido, social ou simbólico, que os impregna, mas não estão cristalizados em sua fixação espacial. A deslocalização não suprime as componentes de uma densidade social ou simbólica relocalizável. E a necessidade de estabelecer, em cada relocalização, uma relação com o espaço, retoma as atividades de simbolização, sobretudo rituais.

Por outro lado, sem nos afastarmos muito dos mundos domésticos, observamos já mobilidades espaciais, aberturas de casas para outras

---

[7] Pode-se observar, em particular, na transformação de um espaço profano doméstico em um espaço sagrado para uma comunidade religiosa do candomblé (ver M. Agier, *L'invention de la ville*, op. cit., pp. 39-46).

casas, e circulações de citadinos em direção a outros citadinos. A vida relacional desses últimos estende-se assim para outros lugares da cidade, aos quais o acesso individual se faz atravessando espaços, principalmente públicos, sendo e permanecendo alguns destes desconhecidos para aquele que circula. O grau de sociabilidade é muito variável nos não lugares assim percebidos nas situações de passagem, tanto mais impessoais, com efeito, quanto mais são feitos para a passagem, como as estações, os aeroportos ou as rodovias, símbolos materiais das multidões solitárias. Atravessamos, então, os lugares dos outros ou os lugares de ninguém? As redes de casas e os sistemas residenciais mostram a articulação real que existe entre certas ancoragens espaço-temporais de sentidos e de relações, certa mobilidade dos citadinos e, no conjunto, uma familiaridade da cidade vivida, que vai além do quadro doméstico apenas. Cada um e cada uma traça os seus percursos familiares na cidade, mais ou menos vasta e densa de acordo com as aglomerações e o conhecimento que ele ou ela tem, mas sempre indispensável para se poder, simplesmente, aí viver.

A possibilidade de conceber a cidade familiar supõe uma clara consciência da distinção entre a cidade que se vê ou se acredita ver – a dos outros e do desconhecido – e a cidade que se vive, que se apropria de múltiplas maneiras. Independentemente das formas materiais que ela é chamada a ter, a dimensão familiar da cidade é uma parte essencial da vida na cidade – e, por conseguinte, da vida das cidades. É ela que permite a ancoragem social mínima de cada um, o seu mínimo social vital, em certa medida, tal como é vivido nos detalhes do cotidiano. As fórmulas, os perímetros e as extensões dessa cidade tornada familiar são, indubitavelmente, múltiplos, segundo as regiões do mundo, os países, as cidades, os indivíduos com sua condição social e suas redes. Mas a questão da cidade familiar pode ser posta à prova por toda a parte. Porque podemos nos interrogar, finalmente, se a vida citadina não é pontuada pela alternância permanente entre o conhecido e o desconhecido – outra maneira de dizer a proximidade e a distância sociais. Essa tensão entre os mundos e os espaços familiares, por um lado, e os que continuam a ser remotos e desconhecidos, por outro, determina a nossa maneira de estar-na-cidade (como se diz "estar-no-mundo") muito mais que a oposição formal entre localidade e mobilidade.

5
ZONEAMENTO URBANO, ZONEAMENTO PLANETÁRIO*

Interrogando-se sobre a ordem moral da cidade, nos anos 1920, Robert Ezra Park estabeleceu uma relação entre o plano de cidade, a sociabilidade local e a formação das regiões morais. Em um primeiro momento, no espírito dos pesquisadores da Escola de Chicago, reservada a zonas moralmente diferentes ou desviantes do resto da cidade (bairros de prostituição, de crime ou dos sem-abrigo), a noção de regiões morais permitia pensar a organização segregada da cidade como um "mosaico" de *ethos* urbanos distintos. Prolongava a noção de áreas naturais de segregação. Cada área, explicava ainda Park, tinha uma função dominante na distribuição da população ou das atividades urbanas. Setores da cidade eram, assim, definidos a partir de uma segregação espontâ-

* Este capítulo apareceu inicialmente com o título "Z como Zonage", no "Abécédaire anthropologique de l'architecture et de la ville", dossiê organizado por P. Bonin e A. De Biase, *Cahiers de la recherche architecturale, urbaine et paysagère*, n. 20/21, 2007, pp. 181-4.

nea ou, segundo a linguagem da Escola de Chicago, "natural", ou seja, sem que uma política segregativa fosse sua causa direta. Essas áreas formavam-se segundo a origem, a etnia ou, eventualmente, as categorias sociais do momento, por aglomerações progressivas que dependiam das afinidades ou, pelo contrário, da reação aos preconceitos. Eram, em Chicago, as áreas de Little Sicily para os italianos, Black Belt para os negros, Ghetto para os judeus aos quais se seguiram os negros ou, ainda, a "região" de West Madison Street com seus hotéis adequados aos trabalhadores itinerantes e sem domicílio (*hobos*).

Essas representações em "áreas" e "regiões" preenchiam um vazio de sentido ao qual a abordagem urbana dos investigadores de Chicago, inspirada na antropologia tanto quanto na ecologia, era particularmente sensível.[1] Essas representações fundiam-se noutra, a do mosaico urbano que parecia feito de mundos que "se tocavam sem se interpenetrarem", e formavam o quadro teórico no qual se podia definir o controle social na cidade. De forma bastante esquemática, essa ordem assim fragmentada no plano moral e no espacial parecia substituir as formas do clã, da linhagem ou da família – das estruturas sociais cuja eficácia era enfraquecida significativamente segundo Louis Wirth, que via "no modo de vida urbano" o triunfo do individualismo e da anomia.

---

1 Sobre a Escola de Chicago, ver, principalmente, os textos de R.E. Park, L. Wirth, E.W. Burgess, e a leitura contemporânea feita por Maurice Halbwachs, bem como a introdução esclarecedora que Y. Grafmeyer e I. Joseph fazem à tradução francesa de 1979 (Y. Grafmeyer e I. Joseph, *L'école de Chicago. Naissance de l'écologie urbaine.* Paris: Éditions du Champ Urbain, 1979, reedição Aubier, 1984).

Foi no mesmo contexto e ao mesmo tempo, em 1925, que Ernest Burgess[2] introduziu a noção de zona e a cartografou com base no plano modelado de Chicago. Sucediam-se assim, em círculos concêntricos: 1) o *loop* (centro de negócio, de comércio), 2) a zona de "deterioração" (periferia do centro, espaço de transição, bairros pobres e lugares infectos), 3) a zona de residência dos trabalhadores estáveis e as segundas gerações de migrantes, 4) "a terra prometida" dos edifícios de luxo e bairros fechados de casas individuais. À parte, uma *commuters zone* (zona tampão)[3] formava um quinto círculo, feito de áreas suburbanas e cidades satélites. Burgess procurava assim descrever o "processo típico de expansão" que ia da cidade à região metropolitana.

As três noções aparentadas de área natural, região moral e zona nascem de uma interrogação partilhada sobre o que forma a comunidade urbana. Por vezes sobrepõem-se mas mostram também uma evolução na tentativa de compreender a cidade como ordem moral e cultural. Ainda que a ideia de zona seja ajustada às de área natural e região, ela sistematiza mais que as outras duas uma abordagem funcional da cidade. O esquema das zonas concêntricas de Burgess quer tornar inteligível a distribuição das atividades e das residências no espaço referindo-se ao modelo liberal da cidade-mercado. O caráter ingênuo de sua representação foi unanimemente criticado mas não se deve desprezar a importância da *démarche*: para formar a representação consolidada das "áreas culturais da vida urbana",

---

[2] E.W. Burgess, "The Growth of the City" (1925), in R.E. Park, . e E.W. Burgess, *The City*. Chicago-London: The University of Chicago Press, 1967, pp 47-62.

[3] Áreas residenciais periféricas, suburbanas, que suscitam as viagens pendulares de seus habitantes que diariamente se deslocam entre suas casas e o local de trabalho; também designadas como cidades-dormitório, cidades-satélites. (N. T.)

Burgess trabalha a partir de documentos de planificação urbana. Daí ao funcionalismo ordenador de Le Corbusier é apenas um passo. Ele é percorrido passando das "áreas naturais" ao "*zoning*", do não pensado ao demasiado pensado, das lógicas sociais e culturais às políticas urbanas e ao urbanismo.

Idealmente, o *zoning* urbano de Le Corbusier é uma utopia, dado que seus planos são primeiro concebidos fora de qualquer restrição de lugares, sobre uma superfície vazia e plana – os projetos efetivamente realizados que consistem num ordenamento de tipo ideal teórico às topografias específicas. O zoneamento surge, assim, de um urbanismo funcionalista, em que a cidade é concebida como uma divisão do espaço segundo funcionalidades pensadas *a priori*: negócios, indústria, circulações cruzadas, residência etc. As zonas de Le Corbusier confundem-se com as de Burgess, que lhes são contemporâneas: os centros de negócios e do poder são cercados por fábricas que, por sua vez, se prolongam pela zona das cidades-jardim onde habitam as "massas operárias".

Os insucessos sociais e políticos associados aos grandes conjuntos de habitat coletivo ("cidades-jardim verticais") dos subúrbios populares, dos quais se pode dizer que foram as ficções realizadas da subdivisão do zoneamento urbano, levaram atores e agentes das políticas públicas a preferir um pensamento urbano mais processual a estrutural. Esse último é hoje geralmente rejeitado, permanecendo ligado ao autoritarismo ou mesmo ao totalitarismo, como mostra, *in fine* e ao extremo, o projeto incompleto do "Centro Cívico" de Bucareste, imposto por Ceauscescu nos anos 1980. Essa ação monumental cobre três dimensões articuladas entre elas: a vontade de criar uma "modernidade urbana" a partir de todas as peças, o urbanismo funcionalista e o projeto totalitário. "A esse respeito, é possível evocar os construtivistas russos dos anos 1920", nota Gérard Althabe,[4] "mas igualmente a Carta de Atenas, nessa ideia de ruptura com o existente, da constituição de um mundo social inteiramente libertado do peso do passado, da tradição e da história". O comentário desse caso extremo engendra uma crítica geral do zoneamento e realiza a utopia de um totalitarismo urbanizado: uma cidade toda ela gerada pelo poder contra a cidade edificada ao longo do tempo por culturas citadinas que se cruzam e acumulam. Hoje, pelo contrário, o "projeto urbano" concebido como processo torna-se uma manifestação farol da democracia participativa urbana no mesmo nível, por exemplo, que o "orçamento participativo".

No entanto, ao lado e, por vezes, indo ao encontro dessas políticas públicas, desenvolve-se uma nova forma de zoneamento na privatização da cidade. Os habitantes dos bairros ricos de Cali ou de Bogotá, na Colômbia, Joanesburgo, na África do Sul, do Rio de Janeiro ou São Paulo, no Brasil, recorrem às suas próprias companhias de segurança cujos agentes supervisionam as ruas em veículos ligados aos alarmes de cada habitação. Por toda a parte, o monopólio da "violência legítima" conduz à privatização em detrimento de seu controle público, pelo Estado. Em linha direta dessa securização privada do espaço urbano, a implementação de barreiras urbanas e o aparecimento de comunidades residenciais fechadas – "*gated communities*" ou "condomínios fechados" –

---

4 G. Althabe, "Le centre civique de Bucarest. De l'idée à la mémoire ", *Enquête*, n. 4 (La ville des sciences sociales), Marseille, Parenthèses, 1997, pp. 147-51.

tendem a multiplicar as divisões no seio da cidade ou a criar "cidades privadas" na periferia dos antigos centros. Uma atitude protecionista e profilática emana das classes superiores e médias como temor e rejeição das manifestações da diferença social. É assim que "Not In My Back Yard" ("não no meu quintal") formou o acrônimo hoje famoso – NIMBY – que simboliza a privatização das zonas urbanas em Los Angeles, Joanesburgo, São Paulo.[5] As novas construções que se desenvolvem nas grandes cidades ou em sua periferia para o mercado das classes médias e altas privilegiam totalidades fechadas, espaços murados e guardados que associam habitat, comércios e lazeres numa continuidade espacial de tipo zonal. São "enclaves fortificados",[6] podendo alguns agrupar até vinte mil habitantes, cujo próprio princípio de separação e exclusão hierárquica faz desaparecer qualquer ideia de espaço público, de troca e de encontro de diferenças que fundam a cidade como espaço comum. Constatando isso no caso de São Paulo, Teresa Caldeira sublinha ao mesmo tempo o caráter muito atual da divulgação dos enclaves fortificados por referência aos medos e aos dispositivos de segurança que acompanham certas transformações contemporâneas ("transições democráticas", aberturas pós-apartheid, pós-socialismo, movimentos etnopolíticos etc.), mas também às numerosas relações que têm esses "enclaves fortificados" com o modelo "cidade-jardim" e com "a planificação urbana modernista" do CIAM.[7]

---

[5] M. Davis, *City of Quartz. Los Angeles, capitale du futur*. Paris: La Découverte, 1997 [1990].

[6] T. Caldeira, *City of Walls: crime, segregation, and citizenship in São Paulo*. Berkeley: University of California Press, 2000.

[7] T. Caldeira, ibid., p. 308.

Novos tipos de aglomeração emergem assim, como se um zoneamento viesse assumir o controle do antigo e responder às aberturas culturais e sociais que acompanham a mundialização. Se por um lado as cidades privadas se desenvolvem, por outro os campos-cidade estabilizam-se. Campos de refugiados ou de deslocados internos estabilizados há décadas no Quênia (refugiados somalis),[8] na Argélia (refugiados sarauís), ao norte do Sudão (sul-sudaneses), na Tanzânia ou em Uganda (refugiados ruandeses e burundis); "zonas de trânsito" ou "zonas cinzentas" nas fronteiras de países em guerra (fronteiras entre Guiné, Serra Leoa e Libéria, por exemplo); "zonas de espera de pessoas pendentes" ("os ZAPI" do aeroporto de Roissy); campos de estrangeiros nos países da periferia europeia (Áustria, Polônia, Moldávia) e no Magrebe incluindo certos países, Marrocos em especial, estão desde já comprometidos com uma estratégia "euro-mediterrânea" de retenção dos migrantes e requerentes de asilo fora das fronteiras europeias pelo desenvolvimento de múltiplas formas de campos no norte de África. Os campos palestinos são, desse ponto de vista, o paradigma do mundo dos campos. Agrupando a metade dos três milhões de refugiados palestinos, formam bairros ou cidades juridicamente inexistentes, social e economicamente mantidos na precariedade, porque sua reprodução incompleta é essencial para a ideologia política do conflito israelense-palestino.

A escala da cidade parece hoje ultrapassada para pensar o zoneamento que, em princípio, é a sua negação. Acompanhando de maneira ligeiramente deslocada no tempo a passagem do zoneamento público ao zoneamento privado, surge outra passagem,

[8] Optou-se por traduzir os termos "somali" e "somalien" apenas por somali. (N. T.)

a do zoneamento urbano ao zoneamento planetário. A gestão privada, "não governamental" ou da ONU desses espaços de exclusão é o espelho invertido das cidades privadas que cercam e reconfiguram as cidades de Los Angeles, São Paulo ou Joanesburgo. Campos-cidade e cidades privadas fixam-se e são observados como espaços contemporâneos uns dos outros. Será a subdivisão em zonas a negação ou o avesso sombrio da mundialização?

É nas margens que nasce a resposta a essa pergunta. Se se parte do existente, constata-se que a própria ideia de zona produz a pergunta da fronteira. Convém, por conseguinte, interrogar-se sobre os espaços intersticiais, os limites e entredois, sabendo que as próprias fronteiras formam espaços mais ou menos amplos, literalmente das "zonas" fronteiriças. É assim que os "*zongo*", bairros dos comerciantes haussa na África do Oeste, se formaram nos limites das cidades, designando este termo "*zongo*" o acampamento provisório de barracas fora do recinto da cidade ("*birni*"). A parte oriental da África do oeste foi povoada do século XIX até hoje por bairros "*zongo*" que estão no centro das redes sociais e comerciantes sudano-sahelianas.

Do mesmo modo, as margens dos campos palestinos já se desenvolveram em certos países do Oriente Médio (Líbano, Jordânia e territórios palestinos), acolhendo sobretudo refugiados vindos de outras regiões (Iraque, África negra): a margem das margens, a fronteira das zonas fronteiriças, que nos mostram o lugar poroso onde a vida se reorganiza ao redor dos muros e que, progressivamente, permite cruzá-los, mudá-los ou destruí-los.

6
RASCUNHOS DE CIDADE*

Hoje, cinquenta milhões de pessoas são qualificadas pelo Alto Comissariado das Nações Unidas para os Refugiados (ACNUR) como "vítimas de deslocamentos forçados". Entre elas, de treze a dezoito milhões, dependendo dos anos, são refugiadas *stricto sensu*, quer dizer, vivem fora de seu país. Maciçamente concentrados na Ásia (mais de seis milhões) e na África (sete a oito milhões), esses refugiados somam-se aos três milhões de palestinos refugiados desde os anos 1940 e 1960 em diversos países do Oriente Médio. Além disso, mais de três milhões de pessoas são consideradas pelo ACNUR como *returnees*, pessoas em "curso de repatriamento". E ainda, de vinte e cinco a trinta milhões, de acordo com as estimativas, são

* Este texto surgiu inicialmente com o título "Les camps aujourd'hui. Un présent qui n'en finit pas", na obra editada por T. Paquot, M. Lussault e C. Younès, *Habiter, le propre de l'humain. Villes, territoires et philosophie*. Paris: La Découverte, 2007, pp. 89-101. Agradeço a Thierry Paquot a sugestão de título para a presente edição ["Brouillons de ville"].

IDPs,[1] viveram deslocamentos forçados dentro de seu próprio país em consequência de violências e guerras internas (oitocentos mil no Burundi, um milhão no Sri Lanka, em Angola, no Afeganistão, dois milhões na Colômbia, mais de três milhões no Sudão etc.).

Todos esses números são aproximados e contestáveis. Não incluem um número considerável (efetivamente não recenseável) de refugiados não declarados como tal e, por conseguinte, considerados clandestinos. São, por exemplo, os cento e trinta mil refugiados afegãos ditos "invisíveis" no seguimento do ataque americano de outubro-novembro de 2001 no Afeganistão e que o ACNUR reconheceu, *in extremis*, como "refugiados" pelo governo paquistanês para poder colocá-los nos campos que acabava de edificar, com urgência, ao longo da fronteira afegã. São também os exilados da África negra ou do Oriente Médio tratados como "imigrantes clandestinos" na Europa quando são apanhados na travessia das fronteiras, sem direito ao título de refugiados, nem ao de requerente de asilo, nem sequer ao de "indocumentado". Ou dos refugiados somalis, etíopes ou ruandeses que se diz estarem "autoinstalados" nos países limítrofes, uns porque preferem tentar a sorte na clandestinidade e na economia informal em vez de serem fechados em campos, outros vagando sem um reconhecimento oficial do seu estatuto de refugiados.

As estatísticas oficiais dão apenas imagens muito parciais da concentração de refugiados, deslocados ou requerentes de asilo em campos. O ACNUR gere cerca de trezentos campos de refugiados no mundo, vários dos quais atingem vinte e cinco

[1] IDPs: Internally Displaced Persons, segundo a definição da ONU da categoria.

mil habitantes e alguns até cem mil.[2] Cerca de seis milhões de refugiados estatutários são mantidos nesses campos, dos quais perto da metade se encontra na África e um terço na Ásia. Nos países do Oriente Médio, contam-se sessenta e cinco campos de refugiados palestinos geridos pela UNRWA (a agência da ONU criada para os palestinos após o êxodo de 1948), nos quais vive um milhão e meio de pessoas. Por último, os campos de deslocados de internos (IDPs) são, por sua vez, os mais numerosos e mais informais, podendo o seu número aproximar-se dos seiscentos no mundo: só a província de Darfur, no Sudão, conta com sessenta e cinco campos nos quais vivem perto de dois milhões de deslocados, abrigando o maior deles – o campo de Gereida – em 2008, cento e vinte mil pessoas.[3] Além do Sudão, a Uganda, a República Democrática do Congo, o Afeganistão e o Iraque são atualmente os principais países de concentração de deslocados internos em dezenas, mesmo centenas de campos. No total, são mais de mil campos no mundo onde vivem, pelo menos, doze milhões de refugiados e deslocados.[4] Esses números não incluem as dezenas de zonas de espera e centros de retenção para estrangeiros "em situação irregular" e "requerentes de asilo" nos países europeus.

O agrupamento de refugiados nos campos é tanto uma medida de polícia como de socorro. Os campos são fora de lugar (*hors-lieux*) ou seja, nichos escondidos no interior dos espaços nacionais.

---

[2] UNHCR, *La cartographie des camps de réfugiés à l'appui de la gestion et de la planification*, UNHCR, Division des services opérationnels, Genebra, março 2007.

[3] Amnesty International, *Soudan. Les Déplacés du Darfour. La génération de la colère.* Paris: A.I. Éditions, 2008.

[4] Ver M. Agier, *Gérer les indésirables,* op. cit., pp. 60-4.

Trata-se de uma ficção de extraterritorialidade. Se os refugiados são, segundo a expressão usada por Michel Foucault no início dos anos 1980, os primeiros seres "fechados do lado de fora", eles são, também, para cada estado que representa a parte de fora daquele que é excluído, seres "postos à parte no lado de dentro". A problemática é mundial; contudo, a responsabilidade política dos estados é a principal no que podemos constatar: o pedido de asilo dos refugiados suscita uma reflexão sobre a autoridade capaz de dar a resposta – o socorro, a hospitalidade: o refúgio. Ora, perante uma chegada mais ou menos maciça de pessoas deslocadas ou exiladas à força devido a guerras e outras violências, o campo é a resposta policial dos estados-nação (cada um separadamente ou todos juntos delegando a gestão no ACNUR). Não há "lado de fora", não há espaço físico entre o mundial e a soma de todos os estados-nação. No entanto, a tentativa de manter as populações refugiadas à parte da ordem política, jurídica e social da nação é constante. Essas duas pressões em sentido contrário resultam numa criação artificial e nunca totalmente bem-sucedida de espaços vazios, desertos intersticiais, situações flutuantes sinônimas de liminaridades, indefinições, exceções. São "bordas", fronteiras ou limiares da vida comum que se povoam assim de milhões de indivíduos que nunca se encontram exatamente em seu lugar, e vivem, como se diz na Colômbia, como "pessoas normais em situações anormais". Esse colocar a distância é uma resposta reiterada, amplificada, desde há um século até os atuais regressos da "solução" dos campos para os que pedem asilo, propostos por certos governos europeus.

Os campos-cidade

Hoje, os campos simbolizam a condição social do homem no momento em que se concretiza exatamente a associação entre guerra e humanitário, associação esta por vezes completada pela polícia como se pode ver no caso das fronteiras europeias. Associação a partir da qual surge a primeira reflexão sobre a constituição contemporânea dos campos: trata-se da formação de um espaço global de gestão pelo humanitário das populações mais inimagináveis e mais indesejáveis do planeta. O tratamento à parte dos refugiados e deslocados (tratados quantitativamente como "populações") é acompanhado de seu afastamento. Será por acaso que as pessoas tratadas como "vulneráveis" pela linguagem humaniária são os indesejáveis do sistema mundial? Os campos são o lugar e o símbolo extremo da dupla atribuição que se produz nesse quadro: uma atribuição social, pela fixação de categorias identitárias estigmatizantes tanto no plano mundial como no nacional (refugiados, deslocados, sinistrados, requerentes de asilo etc.); atribuição espacial, pelo confinamento dessas pessoas nesses fora de lugar (*hors-lieux*).

O segundo objeto de reflexão são os campos-cidade. O campo é um lugar sempre precário, mas também um espaço em que uma condição relativamente estável se forma. Criados da urgência de assegurar minimamente "proteção, cuidado e controle" de todas as espécies de sobreviventes de guerras ("*care, cure and control*", diz-se entre o pessoal do ACNUR), os campos de refugiados aglomeram milhares ou dezenas de milhares de habitantes durante períodos em geral muito mais longos que o da urgência. A duração precisa da "urgência" é, de resto, difícil de se determinar, mesmo do ponto de vista dos agentes das organizações humanitárias. Todos constatam também que, uma vez o campo instalado de maneira mais ou menos rápida, certa duração se instala, por razões tanto internas como externas: a continuação das guerras impede o regresso dos refugiados a suas casas, mas o dispositivo de ajuda humanitária gera também seus próprios efeitos em termos de povoamento, de mercado de emprego, de integração local, e mesmo de urbanização precária. Mais tarde, cada encerramento de campo é um problema.

Os campos-cidade, esses híbridos (à falta de um termo específico), são por conseguinte dispositivos paradoxais. Por um lado, os indivíduos reunidos nesses espaços o são unicamente devido a um estatuto reconhecido de vítimas. Afastados do "som da guerra",[5] devem permanecer à parte dos mundos sociais comuns, da "ordem normal (e nacional) das coisas". Por outro lado, esse sistema de sobrevivência que é o campo, sua organização e, sobretudo, o fato de representar um assentamento relativamente importante, denso e permanente de indivíduos socialmente heterogêneos,[6] criam situações de trocas (eventualmente sob a forma de conflitos), de mudança social e cultural. Convém descrever e medir as consequências dos fenômenos de relocalização, muito frequentemente de uma forma de "urbanização" cuja materialidade é bem real ainda que seja percebida como provisória, e de possíveis reelaborações identitárias entre todos os que vivem lá, pelo menos, pode-se pensar,

5 "*The sound of the war*" é uma expressão várias vezes entendida entre os refugiados liberianos; é utilizada por pessoas que não têm noções muito precisas da identidade política dos combatentes que vieram invadir suas aldeias. Designa o sentimento de medo que domina as narrativas dos refugiados. Nessas narrativas, outras expressões do mesmo tipo fazem referência a uma guerra-*sujeito*: "a guerra entrou" ("*the war entered Monrovia*"), "a guerra encontrou-me" ("*the war met me in Kono*") etc.

6 São os termos que Louis Wirth utilizou nos anos 1930 para definir a cidade.

desde que alguns anos passaram. Nesse sentido, o dispositivo dos campos produz a cidade, se se considera a cidade do ponto de vista de sua complexidade essencial: é graças à sua "extraordinária complicação", notava o historiador das cidades Bernard Lepetit, que a cidade se pode tornar um tema da história. Um campo que tem cinco anos de existência não é mais um alinhamento de tendas, pode assemelhar-se a um bairro de lata, como pode lembrar um museu etnográfico onde cada um tenta, com os materiais que encontra no campo, reconstituir o melhor possível seu habitat de origem. O resultado é, por vezes, uma paisagem feita de retalhos, de formação híbrida, os cobertores de cor azul e branca do ACNUR cobrindo as frágeis construções de ramos ou terra, tecidos de sacos carimbados "União Europeia" ou "EUA", que servem de cortinas na entrada dos compartimentos. Pode tornar-se um bairro periférico, como no caso dos campos palestinos ou dos campos de deslocados na periferia de Cartum, no Sudão.

De certa maneira, a etnografia urbana dos sítios humanitários permite ir mais longe que o que pode dizer uma filosofia dos campos, que é uma filosofia crítica, certamente, mas sem sujeito. Assim, as análises de Giorgio Agamben chegaram à conclusão do fim da cidade e do advento do campo como "paradigma do espaço político no momento em que a política se torna biopolítica".[7] Nessa abordagem, a política confunde-se inteiramente com o exercício do "biopoder". Ora, a socialização dos campos pode criar "espaços de subjetivação", nos quais simultaneamente o sujeito existe e a "política começa": sob uma forma evenemencial, situacional mais que estrutural, a "cena humanitária" regulada num modo

[7] G. Agamben, *Homo sacer: le pouvoir souverain et la vie nue*. Paris: Seuil, 1997, p. 184.

de exceção pode ceder o lugar a "uma cena democrática".[8] Que modelo político se pode esperar? Não o do campo que substitui a cidade mas, pelo contrário, o campo que, em sua forma material e social, se transforma e, finalmente, se desfaz na cidade, a partir do momento em que a ação, visível ou invisível, dos que aí residem, suas respostas ou suas resistências ao acantonamento, suas astúcias e artimanhas exprimem um "direito à vida".

A paisagem urbana dos campos

Ao nordeste do Quênia, uma zona humanitária é formada, em redor da aldeia de Dadaab, por três campos instalados próximos uns dos outros e agrupando cento e quarenta mil pessoas.[9] Os campos existem ali desde 1991 e abrigam majoritariamente refugiados somalis, mas também sudaneses e etíopes. Embora sua população seja mais numerosa que a do setor em que se encontram, os campos não aparecem no mapa do Quênia, porque são espaços concedidos pelo país ao ACNUR, que esse país não toma a seu cargo. Por conseguinte, eles não existem oficialmente e pode-se dizer que tudo está à imagem dessa inexistência aparente e dessa ausência de reconhecimento. Os refugiados dos campos vivem em espera, uma espera que dura mais de dez anos, e são as ONGs que se encarregam de sua alimentação, de sua segurança sanitária e de um pouco de animação social. Não têm, em

---

8 Tomamos esses termos emprestados de J. Rancière, *La mésentente. Politique et philosophie*. Paris: Galilée, 1995, p. 172.

9 Número de 2006. Em 2008, a população dos três campos de Dadaab subiu para cento e setenta mil pessoas.

princípio, o direito de trabalhar nem de circular pelo país, e sua presença no espaço humanitário é pensada apenas como uma etapa de transição para um regresso "à casa", regresso que, no entanto, é fundamentalmente incerto. Quer estejam habituados a viver num canto do campo, quer circulem de maneira clandestina, os refugiados de Dadaab parecem ter integrado o espaço do campo em seus quadros de vida atuais, à medida que a perspectiva do regresso se reduz de ano para ano.

A organização do espaço é uma entrada a partir da qual se pode ver uma forma de contestação de sua inexistência. O espaço dos campos é, *a priori*, definido da seguinte maneira: o ACNUR construiu cercas feitas de espinhos e arame farpado para o encerramento dos campos, e no interior, para o encerramento dos "blocos" (conjuntos de abrigos que agrupam de trezentos a quinhentos refugiados em média). Os refugiados foram agrupados de acordo com sua procedência, etnia e, eventualmente, clã de origem, e são designados geralmente de acordo com sua origem étnica global, ou nacional. Originalmente, todos receberam as mesmas telas de plástico do ACNUR, um colchão, alguns utensílios de cozinha, e tiveram de procurar madeira ao redor do campo para fabricar cabanas com as telas do ACNUR. Aproveitaram as caixas de conserva dadas pelo PMA (programa alimentar mundial da ONU): desdobrando e montando as chapas das caixas, fizeram portas, janelas, mesas.

Há agrupamentos por "blocos" de abrigo. Entre esses agrupamentos, existem fechamentos, por vezes ligados a conflitos étnicos passados ou temidos. Certas minorias étnicas internas aos campos, por exemplo, os sudaneses ou os ugandeses, em parte os etíopes, têm a tendência a fechar seus espaços face aos somalis majoritários, o que traduz comportamentos de temor, de rejeição, de reserva ou autodefesa. É assim que um "bloco" agrupa os sul-sudaneses, católicos em grande parte e de origem citadina; são sobretudo homens jovens que fugiram de sua região ainda crianças ou adolescentes, passaram de um campo a outro há já uma dezena de anos e, em dado momento, criaram uma espécie de universo próprio fechando-se em seu "bloco" com elevadas sebes e arame farpado. No interior, recriaram um espaço microurbano completamente construído em terra seca, com uma rua central, uma igreja católica numa extremidade e, na outra, um templo que agrupa vários cultos evangélicos; com habitações alinhadas sobre os dois lados da rua central, um pequeno lavabo com chuveiro e até uma quadra de voleibol. Tudo isso produz a imagem de um bairro de cidade em miniatura. Escreveram sobre o portal de entrada as palavras "Equatoria Gate", sendo Equatoria o nome do setor de onde partiram. Todas as noites, os jovens homens revezam-se para supervisionar o perímetro do "bloco".

Seus temores viram-se sobretudo para seus vizinhos imediatos, os "somalis bantus" (grupo *outcaste* vindo da Somália e reconhecido como minoria pela administração do campo), com os quais, por vezes, têm discussões em especial por causa das crianças que, essas sim, entram num ou noutro "bloco". Apesar de certos espaços serem assim fechados e protegidos, seus habitantes frequentam outros lugares, mais abertos e mistos. É o que se nota com a multiplicação dos *coffee shops* e dos *video shops*, situados à parte dos setores de habitação, perto da entrada do campo, das vias de circulação e dos mercados. Aqui têm lugar os encontros interétnicos, com grande pesar dos mais velhos de certos clãs superiores somalis. Entre os fatores de mudança importantes, deve-se mencionar o trabalho no âmbito das organizações internacionais ou em associação com elas: aquelas e aqueles que estão empregados nas ONGs como "trabalhadores comunitários voluntários" ou aos quais, por serem vistos como mais vulneráveis (viúvos, deficientes, castas inferiores), são confiados projetos ditos de "atividades geradoras de rendimentos", ou ainda aqueles e aquelas que são nomeados "líderes" de setor,[10] compondo todos eles uma categoria de refugiados que faz concorrência ou contesta o poder étnico dos mais velhos assim como os valores que fundam este poder.

Esboços de apropriação simbólica dos espaços são ainda perceptíveis no fato de lugares completamente anônimos e insignificantes serem nomeados pelos habitantes que os frequentam. Num dos três campos, duas ruazinhas de terra batida, com cinquenta metros cada, estão ladeadas de lojas onde certos refugiados revendem parte da ração alimentar do PAM, legumes (tomates ou cebolas, ausentes da ração e cultivados em recantos dos "blocos") e objetos de primeira necessidade. Esse lugar é chamado pelos refugiados "a cidade", "*magalo*" na língua somali ou "*the town*", em inglês. E, partindo dessa "cidade", uma extensão de areia leva às zonas onde se encontram os compartimentos dos refugiados; trata-se de uma rua bastante larga com pelo menos um quilômetro de comprimento: as pessoas chamam-na de "*highway*".

---

[10] Um setor é um espaço que reagrupa vários "blocos". Pode-se contar uma dezena por campo, que são representados por duas pessoas, um homem e uma mulher, nomeados pela administração.

Reencontrar refúgios, fundar a cidade hospitaleira

O exemplo dos campos de Dadaab no Quênia, aqui evocado rapidamente, mostra que a identificação com os outros e com os lugares pode ser feita no âmbito de um processo mais ou menos de longa duração, de uma transformação dos campos, dos espaços de confinamento, em geral, num mundo social e político. Essa proposta não é sobreposta à que associa a categoria sociodemográfica de "refugiado" a uma identidade e esta a "uma origem": o lugar de onde vem o deslocado e para onde deve voltar. Essa concepção elimina a localidade construída sobre o espaço do campo e organiza um novo deslocamento, que corresponde à entrada numa nova categoria, a de "retornados". O regresso pode equivaler a um novo deslocamento forçado, impedindo ao mesmo tempo a mutação social e material do campo em "cidade". Os deslocados e refugiados deixam de corresponder à sua categoria identitária atribuída não quando voltam para "sua casa", mas quando deixam de ser as vítimas que a qualificação humanitária implica, e se tornam sujeitos.

E cabe à cidade que se faz e à transformação dos espaços precários – e hoje ainda largamente imprevisíveis quanto à sua materialidade, à sua economia ou às suas sociabilidades futuras – como aos territórios que se fazem e onde se funda uma identidade local. Esta, para ser transmissível de uma geração a outra, não deixa de ser deslocável. A própria ideia de fundação – fundação de uma cidade, de uma aldeia ou de uma casa – contradiz toda e qualquer crença numa autoctonia como identidade local naturalmente "saída da terra". Numa investigação sobre certos mitos de autoctonia, antigos e atuais, Marcel Detienne refere que fundar uma cidade é criar o laço *em um* e *com um* lugar, criar enraizamento sem que a raiz tenha de preexistir: um pouco de ecologia, os cheiros, as marcas para os vizinhos, os rituais de fundação ou de instalação... "nada é mais trivial para um ser vivo do que fazer o seu buraco, o seu território imediato. O resto virá a seguir".[11] O "resto" é tudo o que decorre, técnica e administrativamente, da necessária fundação antropológica dos espaços como lugares de identificação.

Essa ordem lógica da produção do espaço local é também a da invenção da cidade a partir das ocupações ilegais, dos campos e de outros espaços vazios e precários. Aí, os refugiados transformam-se, após dois ou três anos, em habitantes; depois, tornam-se os citadinos de uma cidade nua.

A concepção indutiva e processual dos espaços e do pensamento urbano evocado é o que cria uma ambivalência, uma tensão ideológica ao redor dos campos palestinos. A sua existência, sabe-se, remonta ao final dos anos 1940 para os primeiros acampamentos, a meados dos anos 1950 para as instalações mais sólidas, e aos anos 1970-1980 para o crescimento numérico dos campos, sua estabilização e consolidação material. Em 2003, uma arquiteta que preparava seu diploma recebeu da Autoridade Palestina a autorização para fazer uma investigação sobre "a urbanização do campo de Kalandia" – um campo situado na Cisjordânia a três quilômetros de Ramallah e oito de Jerusalém, que existe desde 1948, com cerca de dez mil refugiados-habitantes.[12] Similar-

---

[11] M. Detienne, *Comment être autochtone. Du pur athénien au français raciné.* Paris: Seuil (Librairie du xxie siècle), 2003.

[12] N. Meron, *Proposition d'urbanisation pour Kalandia, camp de réfugiés en Cisjordanie.* Paris: École d'Architecture de Paris La Villette, 2003.

mente, um programa de investigação sobre as cidades-campo da Cisjordânia, realizado em 2004 e 2005, era inimaginável até há poucos anos. O tema era, até então, completamente tabu. O que é compreensível, se levarmos em conta que a atual identidade política palestina nasceu no conflito e se baseia, ainda hoje, numa dupla fixação: uma memória preservada da terra perdida através do testemunho renovado dos mais velhos e o acantonamento dos refugiados no fora de lugar dos campos. Os campos devem guardar intacto o símbolo da espera do retorno e nisso eles formam o quadro adequado para mostrar o sofrimento, a imobilidade e a não existência. Qualquer visitante estrangeiro poderá ver que a sessão do testemunho falando do sofrimento vivido desde a guerra e o exílio de 1948 até o presente faz inevitavelmente parte do circuito da visita dos campos.

Com efeito, tudo indica que a manutenção atual dos campos como espaço institucionalmente diferenciado e politicamente fechado é um sacrifício à causa palestina, uma vez que o campo representa "o nó" ou o símbolo vivo do conflito israelense-palestino. A existência dos campos como figuras do campo em geral – e por conseguinte do fechamento, do afastamento e da espera – é mantida politicamente por ambas as partes em guerra enquanto estiverem em guerra. No entanto, os campos se transformam e conhecem, há anos, uma urbanização bastante próxima, no plano da organização social, das práticas econômicas e do aspecto material daquilo que se conhece das periferias urbanas no mundo. A distinção entre citadinos e refugiados está separada por um fio.

No discurso pronunciado perante o primeiro Congresso das cidades--refúgio – iniciativa do Parlamento dos escritores, em Estrasburgo, em 21 e 22 de março de 1996 –, Jacques Derrida recordou "o princípio medieval", referido por Hannah Arendt, em que o direito de asilo é o último vestígio moderno: "*Quid est in territorio est de território*". Depois, indicou o alcance mais vasto, reflexivo e crítico, da luta que então se efetuava para a criação das cidades-refúgio:

> Se nos referimos à cidade, em vez de nos referirmos ao Estado, é porque esperamos de uma nova fisionomia de cidade o que já quase renunciamos esperar do Estado. [...]
> O que, nos nossos desejos, nós chamamos de "cidade-refúgio" não é mais que um dispositivo de novos atributos ou de novos poderes acrescentados a um conceito clássico e inalterado da cidade. Já não se trata, simplesmente, de novos predicados para enriquecer o velho tema chamado "cidade". Não, nós sonhamos com um outro conceito, com um outro direito, com uma outra política de cidade.[13]

Se temos de inventar outros conceitos – ainda mais hoje, perante a reintrodução da solução dos campos nas tentativas de controle governamental dos fluxos migratórios – então a reflexão sobre os campos de refugiados deverá desvendar uma utopia, a da fundação das cidades a partir dos refúgios. Do campo de refugiados só se deverá guardar o princípio do refúgio, e assim forçar o campo a desfazer-se, desagregar-se, desaparecer e, finalmente, fazer uma cidade. A cidade de amanhã, a que fica depois de todas as catástrofes, poderá assim nascer na realização de um mundo social e político híbrido, nascido *da* e *na* violência e *do* e *no* caos, certamente, mas saído, mesmo assim, da violência e do caos.

---

[13] J. Derrida, *Cosmopolites de tous les pays, encore un effort*. Paris: Galilée, 1997, pp. 17-22.

III
SITUAÇÕES E COMUNIDADES: A CIDADE EM MOVIMENTOS

7
A CULTURA DAS CIDADES COMO MESTIÇAGEM*

Neste capítulo, procuraremos saber no que a cidade é, em si mesma, um dispositivo cultural; por outras palavras, sob quais condições a interpretação do sentido criada em situações cotidianas da vida citadina compõe uma cultura da cidade. Esta é formada por dois grandes domínios de criação. Um diz respeito às relações entre citadinos, ou seja, às representações da identidade e da alteridade; a outra é a simbólica com que os habitantes dão um sentido ao espaço material da cidade onde vivem.

A propósito de cultura

O termo "cultura" é vulgarizado, manipulado e serve de justificativa obscura para todas as diferenças inexplicáveis, desde as estratégias minoritárias até as exclusões sociais. No entanto, designa uma

---

* Este capítulo é uma versão revista e reduzida do Capítulo 6 de *L'invention de la ville*.

apreensão da realidade empírica que se impõe, de diferentes formas e em boa-fé, à consciência de todos com ar de uma falsa evidência: os "bloqueios culturais" dos camponeses africanos, na boca dos peritos em desenvolvimento; a "diferença cultural" dos nossos vizinhos de patamar magrebinos, quando celebram em família uma festa religiosa; ou ainda as "políticas culturais" das municipalidades de esquerda que financiam cursos de guitarra clássica gratuitos nos centros sociais para jovens das cidades populares sem recursos. Nestes três casos falamos de cultura em três sentidos diferentes. No primeiro caso, a cultura designa um modo de vida tradicional mais forte que a vontade de mudança. No segundo, a cultura refere-se a uma diferença étnica. No terceiro, ela é uma aprendizagem de práticas artísticas num estilo fixado, patrimonial, visando um modelo de integração social e nacional de jovens cuja posição social e econômica impede *a priori* essa "integração". Os antropólogos, por sua vez, trabalham a partir de três grandes concepções da cultura que não se afastam muito desses exemplos que acabo de dar.

Uma primeira concepção considera a cultura um todo ou uma representação funcional da totalidade social. Neste caso, é o próprio antropólogo que descreve e escolhe, simultaneamente, as componentes da cultura e decide sobre seu sentido de acordo com os princípios de coerência funcional da reprodução de uma comunidade humana específica. É a concepção clássica da descrição etnográfica: a cultura é todo o modo de vida, com seus hábitos, suas instituições, suas linguagens e seus códigos implícitos; define grupos, comunidades ou categorias sociais bem delimitados na cidade, como anteriormente definia os povos exóticos e as etnias sem que estes tivessem consciência disso. Essa concepção é culturalista no sentido em que, dado que a totalidade social é a cultura, torna-se em si mesma a sua própria determinação. Escapando à consciência e à vontade dos indivíduos, o modo de vida transmitir-se-ia de geração em geração no limite de uma "representação quase biológica da transmissão cultural".[1] É se referindo a essa concepção da cultura que James Clifford, num conjunto de reflexões sobre a cultura e a etnografia no século XX, falou do presente como uma era "pós-cultural": "num mundo em que vozes demasiado numerosas falam ao mesmo tempo, um mundo em que sincretismo e a invenção burlesca passam a ser a regra, não a exceção, um mundo multinacional e urbano do efêmero institucionalizado [...], num tal mundo, torna-se cada vez mais difícil unir a identidade e a significação humanas a uma 'cultura' ou a uma 'linguagem' coerente".[2] A cultura veria então o seu fim com a perda do referente holista. Contudo, o que as evoluções sociais recentes põem em causa hoje não é a existência da criação cultural – lá voltaremos – mas os contextos e seus conteúdos.

Uma segunda concepção da cultura, como resposta adaptativa e determinada pelas condições socioeconômicas, desenvolveu-se como reação às abordagens anteriores, totalizantes. Nessa abordagem, influenciada nos anos 1960 pelas abordagens funcionalistas e marxistas da sociedade, a cultura é considerada um conjunto de "estratégias adaptativas", de "adaptações realistas" aos constrangimentos do ambiente social em dado momento, e outras "respostas" trazidas pelos indivíduos e grupos a "circunstâncias

---

1 Segundo as palavras de R. Ogien criticando a tese de uma cultura específica dos pobres (*Théories ordinaires de la pauvreté*. Paris: PUF, 1983, p. 62).

2 J. Clifford, *Malaise dans la culture: l'ethnographie, la literature et l'art au XXème siècle*. Paris: ENSBA, 1996, p.100.

econômicas".[3] Se, em parte, essas análises permitiram aproximar as interpretações do sentido e a função das práticas (tal hábito "cultural" apenas se mantém porque preenche uma função na situação socioeconômica presente), tiveram igualmente como consequência trazer a análise cultural a uma única sociologia de suas condições socioeconômicas. A cultura desaparece então como objeto problemático.

Por último, uma terceira concepção considera a cultura algo mais. Essa cultura, como parte das práticas sociais, ainda inexplorada ou inexplicada pelas análises das condições socioeconômicas, é bem representada pelas diferentes abordagens da cultura étnica: a etnicidade e a produção de diferenças culturais são intelectualmente unificadas numa reatualização da primeira concepção da cultura (como totalidade). Procuram-se então "sobrevivências", "persistências" ou "reinterpretações étnicas" na modernidade, considerando umas e outras como produtoras de diferenças e de "identidades culturais".[4] Essa concepção representa uma forma de objetivação e fixação, pela antropologia cultural como frequentemente pelos próprios atores, de tudo o que é suscetível de fazer reconhecer e de diferenciar uma comunidade humana entre um conjunto de grupos colocados num mesmo contexto social e histórico, desde tal ou tal aspecto do

---

3 Por exemplo, nos debates sobre a cultura da pobreza, as teses defendidas por C. Valentine advêm dessa abordagem (*La cultura de la pobreza. Crítica y contrapropuesta.* Buenos Aires: Amorrortu, 1970).

4 Nas Américas negras, essa abordagem foi inicialmente defendida nos anos 1940 por M. Herskovits (*L'héritage du Noir. Mythe et réalité.* Paris: Présence Africaine, 1966 [1941], antes de se tornar, mais recentemente, uma moda nos meios intelectuais negros, e, em geral, nos movimentos étnicos.

modo de vida (maneira de vestir, de cumprimentar) até os rituais de nascimento ou de fecundidade cuja memória é mantida ou reavivada em contextos diferentes dos da sua criação. Apesar do seu aspecto mais tradicionalista, essa cultura só ganha completamente sentido em situações de plurietnicidade, de trocas sociais e de olhares cruzados, sendo a grande cidade o seu teatro perfeito. O que explica a importância em meio urbano dos neotradicionalismos, para os quais o espetáculo da diferença cultural se torna não somente um objeto identidade, mas também um recurso político ou econômico. Os grupos neoétnicos são assim levados a defender, a partir de uma problemática de inserção na modernidade urbana, uma definição quase museográfica da cultura material. Noutros termos, em resposta a certas condições do contexto, grupos identitários transformam a cultura-todo em cultura-mais. Mas essa operação ideológica, que toma a aparência de uma simples transferência, não pode esconder as mestiçagens e bricolagens culturais que são fonte da imaginação.

Com efeito, todas essas concepções da cultura têm como ponto em comum deixar na sombra o momento da própria criação cultural. Ora, esse momento é o que nos mostra a cultura a fazer-se (*in progress*). É esse processo criativo que constitui, na minha opinião, o objeto dos antropólogos, independentemente dos campos em que se encontrem, uma vez que não está provado que a antropologia precisa de uma definição de cultura em si, fora de sua prática. Para capturar o momento da criação cultural, a atenção deve dirigir-se às situações reais de interação entre os indivíduos e sobre os significados que os atores *criam* nas relações cotidianas (situações normais), nos acontecimentos (situações extraordinárias, ocasionais), em situações rituais e em espaços/tempo intermediários (situações de passagem).

Nesse contexto, a criação de significado por si só pode-se apreender sob duas formas: a da *interpretação* e a da *representação*. As interpretações podem estar implícitas nas práticas e nas interações e o observador deve revelá-las: o que dizem tais e tais práticas do ponto de vista do significado social das situações em que elas ocorrem? É, por exemplo, o sentido de honra que se encontra na base dos duelos verbais e das pichações dos jovens das cidades populares da França; é a tensão entre a expressão das individualidades e o sentido de comunidade na prática do futebol de bairro no Brasil. Mas as interpretações podem também ser feitas explicitamente sob a forma de declarações escritas e orais (jornais, depoimentos, entrevistas etc.). Por exemplo, a partir dos lugares de expressão religiosa e carnavalesca afro-brasileiros, formam-se agências neoétnicas que desenvolvem pensamentos totalizantes domesticando a diversidade das práticas de uma "cultura", qualificada, segundo os autores, como "negra", "nagô", "africana" ou "afro-americana".[5]

As representações, essas, devem ser entendidas literalmente, ou seja, como sentido social simbolizado em produções exibidas, tomando assim o caráter de performances. No rito como nas artes, no momento da sua primeira expressão, os atores privilegiam a dimensão ética, quer dizer, os valores morais, políticos, ideológicos, transmitidos a um público culturalmente próximo, capaz de os entender. A primazia da dimensão estética (os valores, eventualmente universais, atribuídos à forma ou à aparência da obra) só aparece graças ao estabelecimento de uma relação mais distanciada com o contexto social de origem, e quando o público se ampliou a ponto de poder dar outros sentidos

[5] Ver M. Agier, *Anthropologie du carnaval. La ville, la fête et l'Afrique à Bahia.* Marseille-Paris: Parenthèses/IRD, 2000.

às obras. Para representar essa distinção, David Coplan opôs, de maneira polêmica, a *world music* produzida nos estúdios do Norte pela negociação entre produtores do Norte e artistas do Sul, e a "*word music*", a música das palavras, muito próxima da experiência. É a essa "música" que nos referimos aqui.[6]

Teatro de bar e de rua na África negra, improvisações de canções rap ou samba nos subúrbios da França e nos bairros marginais da América Latina, poesias improvisadas pelos decimeros afro-colombianos, fantasias, carros alegóricos e danças de carnavais, tais são alguns desses desempenhos. É esse aspecto da cultura dos citadinos que vamos examinar partindo de dois domínios: o do carnaval e da criação ritualizada de identidades urbanas; o do imaginário dos espaços urbanos como aparece nas lendas e visões.

Politica de máscaras e desfiles: três carnavais

Lugar da máscara, o carnaval associa fortemente a criação identitária e a criação cultural. Ao fazer a máscara, eu defino os traços de identidade que me convém mostrar por um momento na situação liminar e permissiva do rito. Nesse quadro, todos os elementos que servem de matéria-prima à composição, os objetos, os desfiles e os textos expostos nos carnavais, podem ser associados, mais perto ou mais longe, ao sentido social: é na vida de todos os dias que se inspira o conteúdo das obras, o que não significa que esse contexto e consequentemente esse sentido sejam estritamente locais. Similarmente, a

6 Ver D. Coplan, *In the Time of Cannibals, The Word Music of South Africa Basotho Migrants*. Chicago: University of Chicago Press, 1994; M. Agier e A. Ricard, "Introduction", Autrepart, n. 1 (Les arts de la rue dans les sociétés du Sud). La Tour d'Aigues: IRD e L'Aube, 1997, pp. 5-14.

forma das criações é retirada das memórias, das trocas diretas entre pessoas de origens diferentes, mas também da onda de imagens e de informações transmitida pelos meios de comunicação de massa que parecem, hoje, já não ter fronteiras. Se as cidades são cada vez mais a decoração dos antigos carnavais, novos ou reanimados, é porque são o lugar onde se encontram todas essas informações e relações surgidas de diferentes lugares e diferentes temporalidades.

No carnaval de Notting Hill, em Londres, Abner Cohen mostra a grande interpenetração entre os domínios político e cultural. As formas culturais, refere, são "cerimonializadas, ritualizadas, esteticizadas, mitologizadas"[7] acabando por aparecer sob aspectos autônomos, irredutíveis, significantes sem funcionalidade. Separadas dos desafios políticos, já não deixam perceber os processos que as produziram. Contudo, são muitas as tensões raciais que, de acordo com o autor, criaram o carnaval negro da Trinidad nos anos 1970 num bairro popular de Londres. Cohen defende o ponto de vista segundo o qual essa criação surge de uma problemática política e racial britânica e não de uma lógica propriamente caribenha, ou de um regresso às origens. Com efeito, na sequência das violências raciais contra jovens negros originários do Suriname e num movimento contemporâneo ao dos negros americanos – contemporâneo também do nascimento do carnaval afro-brasileiro da Bahia e o do carnaval popular da pequena cidade de Tumaco, no Pacífico colombiano, que, adiante, será apresentado – o carnaval de Notting Hill, popular e multirracial em sua fundação em 1966, dez anos mais tarde foi reinvestido e

[7] A. Cohen, *Masquerade Politics. Explorations in the Structure of Urban Cultural Movements*. Oxford: Berg, 1993, p. 148.

retomado por jovens da Trinidad que excluíram os brancos que, no entanto, estavam presentes desde o início.

Certos animadores fizeram então uma viagem a Trinidad, onde aprenderam e depois transferiram algumas formas artísticas, acumulando conscientemente traços distintivos de origem caribenha: canções, danças, máscaras, comida e, sobretudo, as percussões sobre latas (*steelband*) que se tornaram características do carnaval negro de Notting Hill. Houve, ao mesmo tempo, uma transformação da memória da origem deste carnaval: no final dos anos 1980 os dirigentes negros do carnaval esqueceram o papel dos brancos na origem da festa, cujo nascimento foi, desde então, exclusivamente atribuído a uma mulher negra, antiga militante política da causa dos autóctones da Trinidad, no bairro de Notting Hill.

No carnaval de Tumaco, pequena cidade com cerca de cem mil habitantes situada no litoral do Pacífico colombiano, a alguns quilômetros da fronteira equatoriana, o carnaval é uma manifestação popular geralmente desprezada por seu aspecto sujo, desordenado e pobre, pelos comerciantes e pelos funcionários, que se colocam à parte (esses últimos são sobretudo brancos, ao contrário da grande maioria da população, negra e mestiça, da cidade). De duas mil e quinhentas a três mil pessoas desfilam no total (sendo cada grupo composto de dez a cem pessoas), enquanto, nos passeios, cerca do dobro se aperta para ver passar o cortejo. As fontes de inspiração dos carnavalescos são diversas. É possível, em linhas gerais, separar suas performances em três categorias. A primeira, mais numerosa, representa comentários, piadas ou elogios dos acontecimentos, personagens da atualidade local, nacional ou internacional, e emana de indivíduos isolados ou de pequenos grupos de amigos ou de vizinhos. Nesta, mais ainda do que nas outras, as imagens televisivas têm um lugar preponderante na escolha e na encenação dos temas. As personagens das séries policiais norte-americanas e das novelas da noite, cantadores de salsa à moda caribenha ou vedetes da pop music, heróis da Disneyworld, estrelas midiáticas da política internacional ou nacional passam cada ano, em massa, da televisão às ruas. Alguns realizam várias fantasias na esperança de ganhar um dos prêmios oferecidos aos vencedores, outros procuram fazer-se conhecer pessoalmente, apresentando eventualmente propostas moralistas simples (contra a droga e o narcotráfico, a violência ou as migrações clandestinas para os Estados Unidos). Essas performances, frequentemente individuais ou de pequenos grupos, exprimem apreensões, medos e desejos, alimentados pelas imagens e pelas informações recebidas no cotidiano (televisão, trabalho, boatos etc.).

Uma segunda categoria de sátiras expõe mensagens políticas ou pedagógicas que emanam de grupos instituídos: um hospital, uma cooperativa de saúde pública, uma associação de mulheres, uma ONG internacional, um programa europeu de reforma urbana etc. Essas representações são mais enquadradas e preparadas que as precedentes, materialmente mais completas, mas pouco numerosas. Nesse caso, as mensagens são claras, a ironia não está no texto embora as alegorias e as fantasias possam ser humorísticas na crítica social ou na propaganda: em 1999, as mulheres grávidas reclamavam outra condição feminina para o ano 2000 no desfile da Cooperativa "Ser Mujer"; e os "pacientes" desfilavam esticados sobre uma mesa de operação e reivindicavam a permanência de uma cooperativa de saúde na região etc.

Uma terceira parte dos carnavalescos (um terço), por último, é formada por inventores que, em sua vida cotidiana, participam ou participaram nas atividades dos grupos culturais da cidade (dança, teatro, música, tradição oral). A meio caminho entre os dois estilos já mencionados, são apresentadas diversas amostras individuais da cultura afro-colombiana e do litoral do Pacífico, que os autores conhecem tanto por sua memória familiar como pelas formações das organizações de defesa e promoção da cultura afro-colombiana. Em especial desfilam algumas das *visiones* (espíritos, aparições) da floresta e dos rios. Outros personagens e temas são menos locais ou atuais, como o feiticeiro "Rei do vudu negro", a divindade afro-cubana "Xangô no tempo do carnaval" ou ainda "A África no carnaval" (representando selvagens vestidos de palha, incluindo jovens atores que, mesmo tendo a pele negra, têm seu corpo e seu rosto pintados de preto). Esses desfiles são, por vezes, o resultado de uma ação social efetuada por professores ou militantes que procuram, por ações culturais desse tipo, desviar da delinquência os jovens dos bairros mais pobres valorizando a cultura identitária regional.

Finalmente, terceiro exemplo, no carnaval "africanizado" da Bahia e em especial no conjunto carnavalesco Ilê Aiyê, pioneiro e inspirador do movimento cultural negro na cidade, os autores e inventores de canções, poemas, fantasias, maquiagens, penteados, danças e ritos demonstram uma imaginação intensa com o objetivo de criar os sinais de uma diferença respeitável a que chamam "o orgulho de ser negro". Nem completamente global, nem perfeitamente local, o contexto das criações é de geometria variável: aqui, novamente, as referências televisivas misturam-se às das primeiras socializações domésticas, das lições escolares ou das aprendizagens militantes mais tardias. Os que se dizem os "africanos da Bahia" na sua primeira saída, em 1974, desfilam, pois, mostrando vestuários de cores africanas, lendas de reis e guerreiros zulu, óculos pretos e cabelos oxigenados no estilo inspirado dos Estados Unidos, soltando pombas cristãs da paz no meio de um ritual inspirado do candomblé etc. No fim desse trabalho cultural, surgem criações que identificam o grupo e evocam desde logo um conjunto que se chama localmente de "tradicional".

O mesmo grupo de carnaval especializou-se na promoção de compositores amadores de canções. Há uma vintena de anos, perto de oitocentos sambas de carnaval foram criados por cerca de trezentos compositores procedentes dos bairros populares de Salvador da Bahia. Cerca de três dezenas de poemas para cantar atingiu alguma notoriedade local ou nacional. Os autores são, geralmente, pouco ou muito pouco escolarizados, os erros de ortografia, de gramática e de sentido fazem parte dos seus textos, o que não impede os voos poéticos e os versos, por vezes, vibrantes. Seleções das melhores canções são impressas e difundidas em pequenos livros do grupo carnavalesco. O exercício de composição dos autores recebe cada ano a sanção do público e do júri de especialistas (poetas, atores, jornalistas etc.). As composições inspiram-se, em parte, na vida cotidiana. Falam de racismo e trabalho: "julgam-me pela minha cor; imploro um pouco de terra; vivo nas favelas, durmo no passeio; o negro monta as pedras para construir grandes casas e ganhar migalhas"; ou falam de sofrimento: "(o negro leva) um casaco marcado pelo sofrimento e dor". Recordam a escravidão e a luta dos negros pela sua liberdade ontem e hoje: "sei mais do que o alfabeto"; "agora é assim, ninguém me vai falar". Descrevem sonhos de uma África redescoberta, por vezes, na leitura de manuais de história-geografia: "Ilê Aiyê Senegal Dacar, país situado no ocidente da África; ao norte o Mali, a leste a Guiné-Bissau; colonizado pelos povos franceses, que lhe deram a sua língua oficial; hoje soberano e independente, fala Wolof a sua língua nacional". Por último, as canções fazem o elogio do próprio grupo carnavalesco: "No divino Ilê Aiyê, canta o povo negro, em elogio a você, divino Ilê. No divino Ilê Aiyê, sinto-me feliz por cantar para ti". Todos esses cantos designam uma comunidade que permite reunir e fazer reaparecer a cada ano os seus atores rituais como "africanos da Bahia" no contexto do carnaval: "Pela cor do tecido, diz ainda uma canção de samba, repara que sou africano, sou Ilê Aiyê".[8]

Os movimentos identitários que se representam nesses três carnavais de acordo com processos contemporâneos de criação e de desenvolvimento estabelecem uma relação estreita entre identidade e cultura.[9] O exame do trabalho de criação artística e o próprio ritual, o sentido social que se revela, permitem considerar com mais distância o significado dos movimentos que se formam sobre bases identitárias aparentemente tradicionalistas, como os movimentos de tipo étnico, regionalista, eventualmente religioso. Representam, primeiro, do ponto de vista do seu sentido social, o destino de pessoas – que podem ser identificadas como negros, índios, pobres, habitantes dos bairros ou de áreas marginalizadas etc. – em busca do reconhecimento e do respeito que lhes são geralmente recusados ou miseravelmente concedidos pelos representantes do seu Estado nacional. Para serem reconhecidos como plenamente humanos e como cidadãos, simultaneamente, devem procurar por si próprios quem são, e o fazem de acordo com métodos às

---

8 Esses textos de samba são apresentados e analisados em M. Agier, *Anthropologie du carnaval*.

9 Noutro lugar referi a contemporaneidade desses movimentos culturais urbanos, propondo considerar e descontruir o trabalho de criação das "culturas identitárias" em vez de as tomar como "identidades culturais" come se fossem dados estabelecidos (ver "Le temps des cultures identitaires"), *L'Homme*, n. 157, pp. 87-114.

vezes longos, tortuosos e nômades contornando os estigmas. Por exemplo, indo do Brasil à África dos antepassados, ou de Londres à ilha Trinidad, ou ainda das cidades às florestas e mangues do litoral Pacífico colombiano. Com esses rodeios e esse trabalho cultural, eles expressam uma identidade com os meios que encontram: a memória, a aprendizagem e a imaginação trabalham juntas na formação dessas novas "comunidades" mais próximas de cada indivíduo que a inacessível comunidade nacional.

Nos subúrbios da França, como nos meios negros surinamenses de Londres e nas favelas do Brasil, desenha-se pouco a pouco uma escala mediana de participação em que os fatos sociais e as criações culturais tomam um caráter progressivamente mais estabilizado (em formas de agrupamentos e de performances), tornam-se ainda mais visíveis e agem sobre o sentido da vida diária dos citadinos. Por último, vimos, nos três carnavais, que é no espaço ritual que o papel de invenção da identidade se manifesta. As criações do carnaval elaboram retóricas identitárias de um modo quase experimental, suscetíveis de se prolongar no cotidiano comum e de alterar os componentes políticos, ideológicos e identitários da cidade no seu conjunto.

Fantasmas, visões e lendas: o povo das cidades invisíveis

As criações que acabamos de examinar nos contextos de carnaval referem-se às relações dos citadinos entre si e tocam nas identidades e diferenças entre indivíduos e grupos. Outro domínio do imaginário urbano é formado pelas interpretações simbólicas da cidade frequentada, ou seja, pelas relações dos citadinos com certas partes ou o conjunto do espaço urbano: uma leitura dos duplos no imaginário da cidade é assim possível. Vê-se, por exemplo, seguindo a rede de lugares assombrados na cidade rica, moderna e funcional de Cingapura, que Gilbert Hamonic restituiu notavelmente mostrando a distribuição dos espíritos e os medos em diferentes pontos do espaço urbano.[10] Cidade imaginária tão real para os habitantes como a cidade nas suas estruturas materiais, essa rede de fantasmas determina os percursos prescritos e os proscritos. Identificáveis em numerosas narrativas e boatos, bem como na vasta literatura popular local, pelo menos noventa fantasmas malaios, seres "de passagem, de transição", muito urbanos nesse sentido, cruzam a cidade e revelam-se melhor à atenção de pessoas elas próprias em transição, em trânsito ou movimento: assim, os motoristas de táxi estão entre os principais videntes dos fantasmas. Se os detritos e as orlas de florestas, as grandes árvores, os cemitérios, atuais ou antigos, e as ruínas são os lugares tradicionais de predileção dos fantasmas, numerosos nós da própria modernidade urbana (lugares de passagens, vazios, de trânsito) podem também ser assombrados: certo hospital, certa linha de ônibus ou certa estação de metrô, tais ou tais elevadores, depósitos ou sanitários de grandes edifícios de alojamento, de administração e de supermercado etc. Os espíritos estabelecem com a modernidade uma relação contraditória, feita de competição para definir os lugares (quanto mais assombrados, mais humanos e menos urbanos são) mas feitas também de empréstimos a essa modernidade, por exemplo, pelo aparecimento de novos fantasmas com características citadinas. Os mais recentes têm, em geral, aspecto de estrangeiros ou de imigrantes.

---

10 G. Hamonic, "Les fantômes dans la ville: l'exemple de Singapour", *Journal des anthropologues*, n° 61-62, Association Française des Anthropologues, 1995, pp. 125-138.

Imagem do passado compensando a memória ausente de uma cidade-estado muito jovem (Cingapura tem apenas quarenta anos), o fantasma é um referente coletivo onipresente no cotidiano: discretamente e sob a imagem da modernidade, tecnologia e excelência da propaganda oficial, ele dá à cidade outra imagem de si própria e uma identidade.

Dois comentários para terminar uma demasiado curta evocação desse caso.[11] Por um lado, vemos que uma leitura dupla compõe uma cidade invisível cujos efeitos reais, do ponto de vista da experiência dos citadinos, são tão perceptíveis como os constrangimentos materiais ou institucionais da cidade visível. Há, por conseguinte, uma imbricação estreita entre diferentes modos de leitura da cidade, enunciando cada um o que ela é e como devemos aí nos comportar. Por outro lado, há que sublinhar, para ir mais longe, que as situações liminares, entredois, as passagens e as fronteiras entremundos (elevadores, cemitérios, hospitais etc.) ganham uma importância notável entre as preferências locais dos fantasmas, o que se encontra em outras culturas e outras cidades. Assim, Exu, a divindade intermediária do candomblé no Brasil, "abre os caminhos" que vão dos humanos às divindades e protege as encruzilhadas de certas ruas onde são colocados os ebós (alimentos e fetiches que produzem ataques ou proteções mágicas). Da mesma maneira, as preferências dos fantasmas de Cingapura mostram que os lugares de passagem são propícios à ritualização.

[11] Ver também G. Hamonic, "L'invention du patrimoine urbain à Singapour; entre fantômes ancestraux et ville mondiale", *Autrepart*, n. 33. Paris: IRD Éditions/Armand Colin, 2005, pp. 157-70.

Desse modo, o invisível das cidades dialoga com sua matéria visível. A zona de Agua Blanca, em Cali, a terceira cidade da Colômbia, oferece-nos um exemplo de uma complexidade tal que poderia bem incitar alguns antropólogos das cidades a encontrar seu caminho no rastro do inquérito policial... Entre os dois milhões e meio de habitantes que conta a cidade, Agua Blanca agrupa cerca de seiscentos mil. É uma região composta de duas dezenas de bairros populares, no leste da cidade. Pelo menos metade da população de Agua Blanca é composta de migrantes e descendentes de migrantes afro-colombianos, oriundos do litoral Pacífico do país. População globalmente muito pobre, apesar das grandes disparidades entre os bairros. Agua Blanca caracteriza-se, igualmente, pela grande precariedade de suas vias e instalações urbanas (água, esgotos, eletricidade são ausentes, deficientes ou obtidos por ligações clandestinas). O habitat precário e autoconstruido é largamente majoritário. Por último, e esse último ponto é essencial para a nossa pesquisa, uma parte de Agua Blanca foi edificada sobre uma zona pantanosa. Muito tempo marcada pela presença de pântanos, essa zona foi em parte drenada no final dos anos 1980. Um desses bairros pantanosos, Charco Azul, foi o lugar de uma lenda. Apresentamos em seguida alguns de seus elementos.

Habitantes do bairro que cercam o pântano (um dos setores de maior concentração de população afro-colombiana e pobre entre o conjunto de Agua Blanca) falam da presença de uma mulher que vive no pântano. Circulando à noite pelas ruas do bairro, ela seduz os jovens, atrai-os e acaba por lhes arrancar, "por baixo", as partes genitais. Essa mulher é uma das formas de uma personagem que vive basicamente do pântano e que se tornou famosa com o nome de "monstro da lagoa azul": dos anos 1970 até o início da drenagem do pântano, no meio dos anos 1980, encontravam-se frequentemente cadáveres no fundo da lagoa, sempre de jovens homens. "O monstro" atraía para a água suas vítimas e as afogava: fala-se de uma centena de cadáveres. Os corpos, conta-se, estavam encarquilhados e completamente ressequidos, em vez de dilatados pela água. A mulher, sob os traços da qual o monstro é geralmente mencionado, é igualmente conhecida por "apanhar os homens e tirar-lhes o sexo", atacando jovens, e não mulheres e crianças. Suas vítimas apresentavam todas, diz-se, duas mordeduras, uma no pescoço, a outra na perna. Nunca eram habitantes do bairro mas apenas pessoas de fora, mesmo que tivessem conhecimentos no bairro.

Certos informantes citam o nome da Tunda para designar a mulher do pântano. Essa provém de um conjunto de *visiones* (visões, aparições) que povoam a floresta do litoral do oceano Pacífico, de onde emigra a maior parte da população negra de Agua Blanca, há uma ou duas gerações. Com efeito, é provável que essa imagem urbana represente uma síntese de várias *visiones*. Primeiro, faz lembrar, efetivamente, a personagem da Tunda, que aparece na floresta, à noite, e "rapta" as crianças que atrai fazendo-se passar pela mãe, avó, irmã ou tia, fazendo-as depois desaparecer, mas não lhes faz mal; ou atrai os jovens homens que chama aparecendo ao longe e indistintamente, acocorada e cheirosa (odor de café moído ou de camarões fritos), com o objetivo de lhes apanhar o sexo. Uns e outros extraviam-se na floresta para segui-la, e tornam-se *entundados*, possuídos. Conta-se assim a origem da Tunda: uma mulher casada não tem as relações matrimoniais consumadas porque se arrepende de seu casamento; após uma disputa com o seu marido, ela parte para a floresta e transforma-se numa visão. Mas ela deseja uma criança que não teve; procura-a indo atrás de todas as crianças que vê e tenta levá-las para a floresta onde desaparecem com ela. Só os padrinhos das vítimas podem encontrá-las (essas crianças ou jovens "resistem em voltar"). Por isso, eles assustam a Tunda batendo nos tambores (bombo e cununo, dois instrumentos de percussão tradicionais da região), com espingardas, brandindo uma cruz ou consumindo uma vela. No momento em que as vítimas são reencontradas, seus padrinhos exorcizam-nas dizendo orações (o Credo), dando-lhes banhos de água-benta, rezando e queimando ervas. Os padrinhos fazem tudo isso como substitutos dos padres da Igreja Católica, que são os primeiros indicados para praticar os exorcismos.

Em resumo, essa *visión*, como muitas outras que a acompanham, parecem conduzir, de uma vez, a três elementos do contexto.[12] Por um lado, previne contra os riscos da floresta, simbolizando os medos que aí aparecem: as *visiones* são, assim, os agentes protetores, uma forma de controle que mostra as vias mais prudentes no acesso às colinas, aos rios e aos espaços de vegetação densa não cultivados. Hoje, alguns dizem mesmo que, pelo peso de sua ameaça, ela protege a própria floresta. Por outro lado, é uma chamada de atenção para os desejos nascentes e uma forma de educação sexual: se a Tunda, ela própria insatisfeita, seduz os adolescentes, outra *visión*, o Duende ou gênio, seduz as meninas virgens tocando-lhes guitarra ou marimba, em seguida prende-as e cobre-as de presentes, até que, possuídas, deixam tocar os seios, mas sem perder a sua virgindade. Enfim, todas afastadas da mesma maneira (cruzes, velas, rezas) e exorcizadas, as *visiones* reenviam à história da presença de uma igreja missionária que sistematicamente perseguia todas as formas

[12] A pesquisa na região de origem concentrou-se na floresta e nos rios à volta da enseada de Tumaco, no extremo sul do litoral Pacífico.

de crença pagãs e animistas, satanizando-as, utilizando as visões e o medo que elas suscitavam para atrair os fiéis, mostrando-se mais poderosa que elas. Essas histórias, de uma e dos outros, estão intimamente imbricadas.

A Tunda encontra-se nos "ares". Tem contudo zonas de predileção. Frequenta apenas a floresta, e não se encontra sobre as águas, embora se possa, de acordo com alguns, encontrá-la na zona de mangues ou à beira de um pequeno rio. Outras *visiones* vivem nas águas, como o Riviel, pequeno luar que aparece à noite sobre uma canoa e atrapalha os viajantes, e a Madre d'agua, que pode atrair as pessoas na água e afogá-las (como faz a mulher do pântano do Charco Azul). Contudo, nem a Tunda nem a Madre d'agua frequentam as cidades nem mesmo os lugares cultivados. Só a floresta inculta e as águas têm a sua preferência. Mas uma outra *visión* "companheira" da Tunda pode encontrar-se na cidade, é a Viuda, a viúva. É "uma bonita mulher que se apaixona por um homem e o leva para um lugar onde pode terminá-lo, ou seja, matá-lo. Quando o homem se apercebe que se trata de um espírito, foge mas fica doente", contou-me um homem idoso em Tumaco. Ela tem, noutra versão, o hábito de conduzir os homens que seduz até o cemitério da cidade sem que se apercebam e deixá-los lá, sós, até o amanhecer, despidos. Ao despertar, devem ser exorcizados com os mesmos procedimentos usados para a Tunda.

Voltemos agora a Cali, distrito de Agua Blanca, bairro do Charco Azul. A presença de *visiones* no bairro parece reduzir-se e concentrar-se no único vestígio de natureza dentro desse espaço urbano, à falta da floresta: o pântano. A água é um elemento natural apreciado por algumas *visiones*. Nesse sentido, de acordo com um processo metonímico (o pântano é todo o universo dos espíritos do Pacífico), o monstro seria menos urbano que étnico: a mulher do pântano representaria uma memória étnica ou regional, residual, dos negros do Pacífico, associando-a a um vestígio ecológico, provisório. Encontram-se tais vestígios que associam à naturalidade e ao sagrado em numerosos contextos urbanos: para além daquelas que a pesquisa de G. Hamonic revela, e que mencionamos acima (as localizações tradicionais dos fantasmas de Cingapura, vestígios de floresta etc.), vejamos, por exemplo, as numerosas proibições que protegem em Lomé (Togo) a floresta sagrada localizada no bairro Bé, antiga aldeia autóctone anterior à cidade, e notemos que os templos de candomblé mais tradicionais na Bahia se situam no meio de roças (explorações agrícolas), hortas, plantas e árvores sagradas que parecem negar a profunda inserção urbana de seus adeptos. Essa interpretação vai no sentido do que dizem os habitantes da região do Pacífico e da floresta, segundo os quais as visões desaparecem à medida que as grandes plantações avançam, o corte das árvores, o traçado dos caminhos, a escavadora e a urbanização.

Mas dizer que as visões morrem porque o seu meio natural tende a desaparecer é uma outra maneira de acreditar na existência desses seres sobrenaturais em si próprios. Com efeito, os espíritos migram também, tanto quanto a imaginação citadina os solicitar. É o que confirmam os dados seguintes. Uma das explicações dadas pelos habitantes comentando o episódio, já passado, dos mortos encontrados no pântano de Charco Azul é a sua correspondência com um período de violências na cidade, ligada ao poder e aos conflitos do narcotráfico (o cartel de Cali): os cem cadáveres teriam sido, efetivamente, vítimas da violência, lançados mortos na lagoa, durante vários anos. "O monstro" teria, assim, sido uma defesa formada no imaginário dos habitantes do bairro perante esses assassinatos em série e os cadáveres abandonados nesse lugar. O fato de se incorporar na lenda que a Tunda só repara nas pessoas estranhas ao bairro (mesmo e sobretudo se elas tiverem alguns conhecimentos do lugar) pode passar por uma afirmação de identidade; com efeito permite argumentar sobre a inocência dos habitantes, porque a Tunda não lança os seus malefícios sem razão, e essa leitura dos fatos é uma maneira, para os habitantes de uma região moral estigmatizada como pobre e marginal, de se manter a distância da violência que marca toda a cidade, invadida pelos seus efeitos. A retomada simultânea de boatos sobre a mulher do pântano essencialmente baseados, como na floresta, em medos noturnos – barulhos, vozes, luares etc. – mostra a reabertura de um campo de ação para os espíritos.

As *visiones* são, efetivamente, um modo de leitura da atualidade urbana, mas já não são as mesmas visões. Na viagem da costa do Pacífico a Cali, elas se fundiram de duas maneiras. Por um lado, a visão do pântano retoma e sintetiza certos traços que provêm principalmente da Tunda, da Madre d'agua e da Viuda, rejeitando outros, e tomando o nome de Tunda como termo genérico, fenômeno que se encontra também em certas histórias atuais na região sul do litoral Pacífico, onde às vezes a Viuda é confundida com a Tunda. Por outro lado, hibridizações são feitas com elementos exteriores ao universo inicial das visões. Assim, as duas mordeduras das vítimas vêm, sem dúvida, de histórias de vampiros em serões de horror televisivos, assim como o novo termo de "monstro da lagoa" utilizado por jovens rappers para fazer recentemente, por sua vez, à sua volta, a récita desse episódio.

Com efeito, um sentido alargado da *visión* do pântano inscreve-se na criação de um grupo de rap do bairro. Formado em 1992 por jovens do Charco Azul, o grupo Ashanti deseja defender, com suas composições, um "projeto social e político de reivindicação da identidade e da cultura negras e de protesto perante os problemas dos jovens do bairro".[13] Sob o título "O monstro da lagoa azul", o grupo Ashanti compõe a canção da qual se apresenta o seguinte excerto:

El monstruo de la laguna azul *es el monstruo del barrio Charco Azul* *Hay un monstruo en la laguna azul*	*O monstro da lagoa azul* *é o monstro do bairro Charco Azul* *Há um monstro na lagoa azul*
La historia comienza *en los decenios del 70* *cuando muchos muertos* *en el lago se encuentran.*	*A história começa* *nos anos 70* *quando muitos mortos* *se encontram no lago.*
Cuerpos ahogados, lacerados; *disecados cadavres,* *amordazados, desgollados, mutilados,* *tirados en el camino. Se han hallado* *animales a los que el monstruo* *habia atacado o matado,* *descuartizados, brutalmente,* *monstruosamente desprezados*	*Corpos afogados, dilacerados;* *Cadáveres dissecados,* *Amordaçados, degolados,* *mutilados, atirados no caminho.* *Foram encontrados animais que o* *monstro havia atacado ou morto,* *esquartejados, brutalmente,* *monstruosamente desprezados*

(Autores: Rafa, Nene U. /Ashanti, 1998.)

[13] P. Wade, "Trabajando con la cultura: grupos de rap e identidad negra en Cali". In J. Camacho e E. Restrep (orgs.), *De montes, ríos y ciudades. Territorios e identidades de la gente negra en Colombia*. Bogotá: Natura/Ican/Ecofondo, 1999, pp. 263-86.

Os autores apresentam o monstro, segundo explicação que me deram, como uma metáfora da exclusão do bairro, considerando que o próprio bairro era tratado sob uma forma monstruosa ao olhar do resto da cidade. A canção devia passar a ser, de acordo com eles, o seu emblema para manifestar a sua origem em Agua Blanca, e, mais precisamente, desse bairro. Em grande parte drenado, o pântano segue, atualmente, o traçado de uma nova via rápida que implica a destruição de numerosas casas. O comitê do bairro de Charco Azul tenta organizar a população da invasão mais precária do bairro, à margem do que resta da lagoa, para protestar contra a vontade do município de expulsar os habitantes à força. Casas já foram destruídas deixando seus habitantes sem teto. Utilizando, pois, um modo de escarnecer do medo e da imagem negativa do bairro que existe na cidade, a composição faz descrições muito mais violentas do que as que surgem em entrevistas e narrativas sobre a Tunda. O que pode corresponder à realidade, dadas as condições violentas dos assassinatos atrás mencionados, mas que volta, também, ao estilo voluntariamente agressivo das palavras do rap em geral. Dois elementos, um de conteúdo, o outro de forma, que são tirados do contexto urbano, afastam o "monstro" das visões iniciais e aproximam-no dos problemas urbanos: o da violência na cidade, o da imagem negativa dos habitantes do bairro no que diz respeito ao resto da cidade.

O sentido dessa criação imaginária constrói-se progressivamente. Notemos o lugar que ocupam, nessa progressão, as diferentes concepções da cultura antes evocadas. Se a visão da mulher do pântano aparece primeiro como um elemento cultural étnico e residual – uma totalidade "ali" transformada em suplemento diferencial "aqui" – ela é verdadeiramente relançada como resposta à agressão do contexto urbano, protegendo os habitantes do bairro das acusações de violência. Fazendo isso, a visão transforma-se cada vez mais: o "monstro" dos rappers, aparentemente, já não tem muito a ver com as *visiones* do litoral Pacífico, a não ser pelos comentários atuais de uns e de outros em torno da canção e dos acontecimentos e, sobretudo, pela presença do que se poderia chamar uma disposição visionária reativada na cidade. A canção "El monstruo de la laguna azul" já foi apresentada em público. A performance do rap e os comentários que os autores fazem colocam inteiramente a visão no contexto urbano: o seu destino é tornar-se um cimento identitário perante as imagens negativas que circulam na cidade e perante as práticas dos *tierratenientes* (proprietários fundiários) contra os habitantes sem título do bairro. Assim, o imaginário com relação à cidade como espaço físico fala ainda com relação aos outros citadinos.

Cultura mestiça, cultura das cidades

Interpretações e representações formam a matéria palpável da cultura citadina. Sua profusão vai muito contra a já mencionada ideia de uma "era pós-cultural", diagnosticada um pouco apressadamente por James Clifford. No entanto, esse autor sublinha bem, e nós o acompanhamos nesse ponto, a importância das "construções mentais", das "ficções realizadas" e das "heteroglossias" no campo cultural atual.

Como se elabora a cultura dos citadinos? Os contextos sociais, fontes de inspiração das retóricas identitárias e das performances, alargaram-se consideravelmente. São marcados por uma intertextualidade multiforme que aproxima os diferentes mundos que povoam o nosso planeta, atravessando as Áfricas, as Américas, os países da Europa e do Oriente, e comunicam-se quase em "tempo real" graças aos satélites que giram ao redor das nossas cabeças. Certamente, nem todas as partes do mundo são atingidas direta e exatamente ao mesmo tempo. Mas podemos pensar que essa intertextualidade – a forma concreta que se chama hoje "globalização" cultural – tem efeitos diretos sobre os modos da criação cultural e sobre os processos políticos e identitários locais. Quanto mais nos diferenciamos, mais nos identificamos aos outros que se diferenciam, e esses processos idênticos de diferenciação passam-se hoje muito fundamentalmente na cidade, ou pelo menos nascem lá. A maior parte dos movimentos identitários atuais é da cidade, não por essência (os seus propósitos não falam todos necessariamente da cidade) nem sempre pelo que se refere aos lugares do seu desenvolvimento, mas porque é a sua primeira base, aquela em que se formaram os próprios grupos ou os seus dirigentes. Ao mesmo tempo, esses movimentos exportam-se, estendem-se, tal e qual como a cultura das cidades.

Assim, as mesmas formas são trabalhadas, com quase exatamente os mesmos discursos: em todas as cidades, a atração ambígua para a individualização é permanentemente moderada pela necessidade de recriar identidades coletivas a partir de quase nenhuma diferença; por toda a parte, nessas buscas identitárias, sempre relativas e versáteis, o escrito impõe-se no enunciado das tradições e tende a concorrer, a influenciar, até a fazer esquecer a memória oral; por toda a parte, especialistas – intermediários individuais ou agências neoétnicas – emergem para enunciar a identidade das "comunidades"; por todo o lado, as imagens circulam à maior velocidade ainda que os homens e as ideias, e tendem a substituir-se à experiência pessoal e social das realidades mostradas em fluxos contínuos nas telas.

Finalmente, na abundância dos meios materiais e virtuais da criação de símbolos e de identidades (circulação de informações, difusão de imagens, de sons, de conceitos etc.), como se pode dizer que a cultura dos citadinos é uma cultura da cidade? Vemos efetivamente em cada situação – tenho insistido nesse ponto várias vezes em meus estudos de caso – que as questões das invenções culturais e das construções identitárias se situam claramente nas configurações locais de relações, tensões e conflitos. Mas, além disso, no que se refere aos próprios processos criativos, observamos que a vida na cidade é um espaço de informações múltiplas, no qual as mobilidades e as migrações, que caracterizam cada vez mais as grandes cidades, fazem encontrar-se informações provenientes de horizontes regionais ou nacionais mais diversos. O caso do Charco Azul é talvez paradigmático de uma progressão que cada vez mais vai para conjugações e fusões da cultura dos citadinos. Por toda a parte, às referências com raízes mais profundas nos lugares autóctones ou de origem sobrepõem-se as referências transmitidas pelos meios de comunicação de massa e destacadas das suas próprias raízes. A distribuição das referências globais é certamente desigual de acordo com os lugares de vida, os equipamentos e os meios dos citadinos. Em outro nível, a possibilidade de encontrar equivalências simbólicas na passagem de um lugar a outro é incerta (encontrar um pântano na cidade, por exemplo, para simbolizar, como em Cali, o medo e a recusa da violência). É na conjunção desses diferentes fatores que se determina a eficácia de certas referências em relação a outras, provenham elas das memórias regionais, do ambiente urbano ou das imagens globais.

A cidade constitui-se então como um cadinho, que só produz cultura no final desses encontros, colagens e fusões das quais ela é o teatro. Assim redefinida por citadinos com percursos múltiplos, a cidade torna-se por sua vez um dispositivo cultural. É graças à sua "extraordinária complicação" que a cidade se pode tornar um "sujeito da história", notava Bernard Lepetit a propósito das cidades europeias da época moderna;[14] "as capacidades transformadoras do urbano" vêm da presença de uma multiplicidade de referências identitárias (a família, "o país", o bairro, o ofício, a confraria etc.), como "um conjunto de recursos que pertencem ao próprio ser da cidade em dado momento e lugar, e que definem o espaço de ação dos citadinos". [15]

Estranho destino o das cidades que, à imagem da mestiçagem da qual são um dos lugares de predileção, reúnem milhares de pontas dispersas e parciais de cultura para finalmente, enquanto se espera encontrar a insignificância e a repetição, compor o seu próprio quadro, único e reconhecível entre todos, como a vestimenta de Arlequim.[16]

---

[14] B. Lepetit, "La ville: cadre, objet, sujet. Vingt ans de recherches françaises en histoire urbaines", *Enquête*, n. 4 (La ville des sciences sociales), 1997, Marseille, Parenthèses, pp. 22 e 26.

[15] Ibid., p. 32.

[16] A propósito da mestiçagem como aprendizagem cultural, ver M. Serres, *Le Tiers-instruit*. Paris: François Bourin, 1991. Arlequim é um personagem travesso surgido da Commedia dell'Arte na Itália do século XVI, cujo traje de retalhos com losangos multicoloridos suscita várias interpretações; está presente em vários blocos de carnaval de rua no Brasil. (N. T.)

8
A CIDADE, A RUA E O PRINCÍPIO DA POLÍTICA*

Passa uma moça balançando uma sombrinha apoiada no ombro, e um pouco das ancas, também. Passa uma mulher vestida de preto que demonstra toda a sua idade, com os olhos inquietos debaixo do véu e os lábios tremulantes. Passa um gigante tatuado; um homem jovem com os cabelos brancos; uma anã; duas gêmeas vestidas de coral. Corre alguma coisa entre eles, uma troca de olhares como se fossem linhas que ligam uma figura à outra e desenham flechas, estrelas, triângulos, até esgotar num instante todas as combinações possíveis, e outras personagens entram em cena: um cego com um guepardo na coleira, uma cortesã com um leque de penas de avestruz, um efebo, uma mulher-canhão. Assim, entre aqueles que por acaso procuram abrigo da chuva sob o pórtico, ou aglomeram-se sob uma tenda do bazar, ou param para ouvir a banda na praça, consumam-se

* Uma primeira versão deste capítulo foi publicada sob o título "La ville, la rue et le commencement de la politique. Le monde rêvé de Chloé", *Multitudes*, n. 17, 2004, pp. 139-46.

> encontros, seduções, abraços, orgias, sem que troque uma palavra, sem que se toque um dedo, quase sem levantar os olhos. Existe uma contínua vibração luxuriosa em Cloé, a mais casta das cidades[1].

Imaginar como o espaço das cidades pode ser hoje lugar implica, primeiro, levar em conta o funcionamento largamente desterritorializado da economia e do poder político, que, cada vez mais, atuam a uma escala mundial. Ter em conta, também, que a difusão dos espaços de circulação e consumo de massa, compatíveis com um certo anonimato (os "não lugares" descritos por Marc Augé [2]), não impedem a formação de múltiplos microgrupos resistentes no seu seio. Reparar na crescente extraterritorialidade em que grupos e, mais ainda, multidões de indesejáveis são acantonados (os "fora de lugar"): campos, centros de trânsito ou guetos, nos quais as sociabilidades e solidariedades se recriam por vezes, apesar da ausência de uma memória desses espaços. As identidades locais conseguem, então, "enraizar-se"[3] a partir de nada. "De onde fala?", dirão os críticos. É a partir daqui que falamos, de um espaço de reflexões e de ações entre o vazio e o cheio, entre uma cidade nua e uma cidade densa que, de vez em quando, dança. E desfila, escreve, mascara-se, teatraliza, pinta-se.

As fragmentações sociais e raciais das grandes cidades, as rodovias urbanas que atravessam aglomerações intermináveis, os universos

---

1 I. Calvino, *As cidades invisíveis*. São Paulo: Companhia das Letras, 2000 [1972], pp. 51-2.

2 M. Augé, *Non-lieux. Introduction à une anthropologie de la surmodernité*. Paris: Seuil, 1992.

3 M. Detienne, *Comment être autochtone. Du pur athénien au français raciné*. Paris: Seuil, 2003.

de desolação formados pela construção dos muros, das barreiras, e pela invenção permanente das fronteiras revelam brutalmente, contracorrente, uma pergunta: o que permanece de cidade nas nossas vidas? Em que espaços, que situações, que ações da vida urbana, pode ter lugar uma comunidade moral ou política? Falamos da cidade vivida em acontecimentos em vez da cidade definida em formas materiais, instituições perenes. Sem estar a negar a força estruturante dessas últimas, aceitemos a ideia simples de que a matéria viva da cidade é formada por citadinos que aí habitam e trabalham, passeiam, gostam de certos cantos, praças, cruzamentos, "certas luzes, algumas pontes, terraços de cafés". Procuramos tornar visível – tanto quanto o universo mineral e literalmente petrificado das cidades (os edifícios, monumentos, vias para automóveis etc.) – uma realidade mais poderosa porque transformadora: as formas de iniciativa social, os desvios de sentido, as tomadas de palavra, das quais o espaço das cidades é, às vezes, o quadro. Insistamos ainda neste pressuposto: os termos convocados para esta reflexão são fluidos: ruas, passagens, mata, terrenos vagos; a memória, as imagens, as ficções e desejos. Uma cidade nem virtual nem irreal, antes imaterial, no sentido em que existe a mais e no seio da sua organização visível, que lhe dá uma parte importante do seu sentido diário. E falamos de comunidades do instante, formadas na atividade (seja ela política, estética ou ritual) e não das identidades comunitárias supostas eternas, primordiais e não contextuais.

Assim Cloé, modelo imaginário da grande cidade entre as "cidades invisíveis" descritas por Italo Calvino, é povoada por uma multidão de individualidades, de diferenças, que apenas se cruzam furtivamente. O encontro é virtual e a cidade continua hipotética, por fazer. No entanto ela é sonhada por um autor. As nossas cidades têm hoje a marca dessa contradição: fundadas para reunir, ligar, aproximar as pessoas e assim reduzir os custos das interações e do trabalho, mantêm o desejo de momentos de comunidade, mas elas colocam a maior parte da nossa existência em quadros impessoais, sistemas de proteção, organizações solitárias e narcisistas. Qualquer comunidade, qualquer agrupamento coloca-se, assim, do lado da resistência a essa ordem urbana da solidão e da negação do mundo comum.

Criações artísticas ou ações políticas podem, de maneira efêmera, pôr em relação indivíduos diferentes – e não apenas os anônimos da multidão. Todos à procura de conexões e de associações que procuram existir contra o vazio de sentido e de relações que espreitam, como uma ameaça, qualquer habitante das cidades. A partir de encontros ritualizados, localizados, essas situações e as pessoas que são mobilizadas fazem, por conseguinte, viver a cidade a longo prazo ao mesmo tempo que fazem aparecer as comunidades de movimento.

As *townships* sul-africanas ofereceram à história das cidades um exemplo rico das resistências múltiplas, políticas e artísticas, às segregações do apartheid. Essas resistências emergiram no seio dos próprios espaços criados pelo apartheid: espaços de residência (*townships*) ou de transporte (os trens que conduzem os trabalhadores negros desde as *townships* até as cidades e as minas). A segregação racial favoreceu as trocas, as solidariedades e as iniciativas políticas ou culturais entre as pessoas identificadas e agrupadas como "negras" pelo sistema racial. Assim, os trens de Soweto, conhecidos por serem "nichos de apartheid em movimento", foram igualmente espaços de organização da resistência dos trabalhadores: lugares móveis de reuniões sindicais, de lançamento de greves nas fábricas e nas minas de destino, de reuniões políticas de massa.[4]

Por seu lado, o teatro das *townships* nasceu de duas experiências partilhadas pelos trabalhadores-atores negros. Primeiro, viviam das relações de trabalho que os punham em contato, por um instante, com o outro mundo, o da cidade branca. Depois, à noite, reencontravam-se na rua do gueto negro após terem sido "agredidos, humilhados, maltratados, e contavam aos seus irmãos as desgraças suportadas no mesmo dia, conta Peter Brook. Cada horror, cada situação incongruente, surrealista por sua violência, cada farsa estúpida tornava-se de repente viva. As pessoas ouviam fascinadas, riam, gritavam, choravam, protestavam, e nessa altura partilhada, a sua vida reafirmava-se".[5] As narrativas improvisadas, os contos e as imitações gestualizadas eram sentidos como uma absoluta necessidade: é essa arte de rua, imediata, que esteve na origem do teatro das *townships*. Hoje tem os seus autores, encenadores, atores.

Décadas mais cedo nas *townships* sul-africanas nasceu o "*gumboot*", dança dos mineiros sul-africanos cadenciada pelo sapateado das botas de trabalho equipadas de ferros e chapas. Antes que o modelo de espetáculo fosse aproveitado pelas associações de jovens das *townships* ou pelas companhias de dançarinos profissionais que, há alguns anos, fazem turnês mundiais, a dança *gumboot*, nas primeiras décadas do século passado, refazia em modo contestatário, a equipe

4 Cf. G. Pirie, "Travelling under apartheid", in: D. M. Smith, *The Apartheid City and Beyond. Urbanisation and Social Change in South Africa*. London: Routledge, 1992, pp. 172-81.

5 P. Brook, "Préface", in: *Afrique du Sud, Théâtre des townships*. Arles: Actes Sud, 1999, pp. 7-10.

de mineiros que trabalhava no subsolo e satirizava a disciplina do trabalho e as das relações hierárquicas da mina e do campo.[6]

Mais ou menos na mesma época, nos anos 1930-1940, não muito distante dali, nas cidades do Copperbelt colonial (na atual Zâmbia), os trabalhadores africanos inventavam a dança de Kalela, jogo expressivo misturando a brincadeira racial sobre os colonos brancos e as relações de gracejo entre citadinos de origem étnica diferente.[7] Cantos escarneciam, num gracejo ritual, grupos étnicos vizinhos e concorrentes no âmbito urbano e profissional das cidades construídas ao redor das minas de cobre, enquanto fantasias caricaturavam as altas funções profissionais ocupadas pelos brancos: médicos, enfermeiras e outras pessoas "vestidas" à ocidental.

O objetivo explícito dessas criações não é prioritariamente estético; é a comunicação numa mesma assembleia, na qual os que olham e os que atuam, animam, declamam ou cantam, compartilham as mesmas linguagens, piscam os olhos, compreendem imediatamente as piadas e os símbolos postos em cena. Mas apesar de o seu objetivo não ser, em primeiro lugar, estético – é, em geral, relacional ou contestatário – a performance pode tornar-se uma obra:[8] teatro das *townships*, *gumboots*, carnaval afro-brasileiro etc.

---

6 Ver C. Muller, "Bottes en caoutchouc, migrants et Fred Astaire: danse ouvrière et style musical en Afrique du Sud", in: M. Agier e A. Ricard (dir.), *Autrepart*, n. 1 (Les arts de la rue dans les sociétés du Sud), La Tourd'Aigues, IRD e L'Aube, 1997, pp. 71-89.

7 Ver J. C. Mitchell, *The Kalela Dance. Aspects of Social Relationships among Urban Africans in Northern Rhodesia*. Manchester: Manchester University Press. Tradução francesa in *Enquête*, n. 4 (La ville des sciences sociales), 1997, pp. 213-43.

8 Entende-se por *performance* uma exibição preparada para um público. O termo é inglês mas vem do antigo francês *parformance*, de *parformer*: "*accomplir, exécuter*" (realizar, executar).

Deslocáveis, exportáveis para outros contextos diferentes dos que as viram nascer, essas performances perdem o seu sentido inicial, apesar de isso não significar que se tornem puros produtos artísticos e espetaculares: podem fazer o caminho oposto, da estética à comunidade, a partir do momento em que são reapropriados. A performance adquire, assim, novos significados e favorece novas relações. E transforma-se com esse deslocamento. A grande viagem mundializada da capoeira brasileira ilustra bem esse caminho, tão urbano quanto simbólico. Há uma vintena de anos, nos subúrbios populares franceses, dançarinos de rua, frequentemente de origem africana ou magrebina, incorporaram golpes dessa coreografia de luta no seu hip-hop. Os jovens brasileiros negros que redescobrem a capoeira desde os anos 1980-1990 dizem que procuram nesse produto já mestiçado vestígios da sua identidade africana de origem. Ora, foi no Brasil, e não na África, que essa dança nasceu: o nome "capoeira" vem da língua tupi (significa "baldio, terra queimada"); é o lugar onde negros – escravos mas também milicianos e bandidos – treinavam no século XIX; uma dança, pois, entre a metáfora do combate e a aprendizagem em esquivar-se. O que retemos aqui é que a aparente busca de identidade de uns e outros se estende para além da construção das novas etnicidades: ela atinge os jovens mestiços da Bahia e os dos subúrbios franceses, mas também todas as classes de citadinos viajantes das capitais europeias onde se desenvolvem escolas de capoeira. É um desvio para se encontrar a si mesmo inventando comunidades de encontro.

As festas de bairro, os carnavais antigos ou recentes, os desfiles comemorativos ("Marselha 2000 anos!"), os cortejos tecno ou *gay pride*, a transformação das manifestações sindicais ou políticas em festas carnavalescas, todos esses momentos recriam coletivos reunindo os humanos fora do habitual (nesse sentido uma situação ritual é também uma situação extraordinária) e contra as fragmentações e as exclusões da vida de todos os dias. Será que a manifestação de rua, para ser política, será menos ritual, não sendo necessário também criar uma comunidade do instante, semelhante à criada pelos ritos, para que possa gerar uma tomada de palavra que não seja atribuída à uma identidade artificial, a uma parte identitária do corpo social mas sim a essa comunidade a mais gerada pelo encontro? É da resposta a essa pergunta que depende a existência da rua política, como expressão limitada e efêmera da ágora, este espaço – perdido, mítico mas ainda sonhado – da política que nasce onde as pessoas livres "se encontram juntas e que não pode durar mais tempo do que aquele em que permanecem juntas".[9]

Resumindo. O sujeito da política forma-se na palavra partilhada e na relação com os outros não atribuídos à sua identidade. A política emana de uma parte do todo que é mais do que a soma das partes (com as suas próprias ideias feitas), não está ligada à composição e às divisões do corpo social, distinguindo-se, assim, de qualquer política identitária.[10] Por isso, algo se deve passar fora e para além do habitual de modo a que a política ocorra.

Esse algo depende da existência do que se chama, no ritual, uma mediação simbólica: um terceiro identificador transforma uma multidão de indivíduos sem nomes numa comunidade do momento ritual, antes que cada um volte para casa, reforçado pelo ritual mas de novo sozinho perante o mundo e na sua "própria"

[9] H. Arendt, *Qu'est-ce que la politique?* Paris: Seuil, 1995, p. 146.

[10] Ver J. Rancière, *La Mésentente. Politique et philosophe.* Op. cit.

categoria social. Para o ser humano definido como indivíduo no meio de uma sociedade de indivíduos, tudo muda de forma parecida quando vive um curto momento ritual de identificação com a comunidade, um curto momento de felicidade... Maio de 1968, novembro de 1995,[11] "o sobressalto democrático" entre as duas voltas das eleições presidenciais de 2002, entre outros exemplos, foram, em certa medida, vividos como momentos fora do tempo, momentos à parte, períodos mais ou menos longos em que cada um alterou um pouco ou muito a sua vida normal, os seus hábitos diários, passando mais tempo que o habitual na rua, em reuniões e encontros, ou seja "na conversa democrática" da qual fala Hannah Arendt [12]; são momentos em que cada um sente que o seu cotidiano está em suspenso. São precisamente as qualidades do ritual – qualidades que a descrição reúne na ideia de estado liminar.[13] Pôr-se fora de si para se poder identificar com uma posição numa comunidade ritual é sair do seu "eu" e desdobrar-se numa personagem pagã ou numa paródia de personagem pagã, ou simplesmente em outro, que

[11] Greves expressivas ocorridas então na França, contra o projeto de reforma da seguridade social (Plano Juppé), com forte repercussão internacional. (N.T.)

[12] Ser político, refere Hannah Arendt, no seio da *polis* ("o sistema mais falador de todos"), é viver "uma existência na qual os cidadãos tinham todos como primeiro cuidado a conversação", por oposição à imposição e ao comando "pré-político" (H. Arendt, *Condition de l'homme moderne*. Paris: Presses Pocket, Agora, 1988 [Calmann-Lévy, 1961, 1983]), p. 65.

[13] "Liminar" para Arnold Van Gennep, o etnólogo dos ritos de passagem, é um termo que se refere às "margens", entre os estados pré e pós-liminares. É uma oscilação, um entredois aberto a qualquer criação. Lembremos que outro etnólogo, Victor Turner, viu aqui o lugar da emergência da criatividade teatral, da *communitas* e, até, por extensão, a formação de ideologias "contraestrutura" como as "comunidades hippies" (Ver Turner, *Le phénomène rituel. Structure et contre-structure*). Paris: PUF, 1990 [1969]).

permite uma segunda vida: vestir a roupa do mundo dos orixás (divindades afro-brasileiras), travestir-se de homem em mulher, as pinturas dos seres brancos, negros ou mestiços reunidas em desfiles "negritos", as máscaras e as fantasias do cortejo dos diabos, do bloco "dos índios" etc. É a desidentificação de cada um consigo mesmo que produz o momento comum, partilhado, da comunidade. Esse mundo não é irreal. Do mesmo modo, quando essas metamorfoses se realizam nos momentos de "conversação democrática" ou da manifestação de rua, é o momento real da política que começa a existir, do encontro entre iguais emancipados do constrangimento das suas atribuições sociais e identitárias. É um curto momento de política.

Cada ano, em Salvador da Bahia, no Brasil, no bairro negro e mestiço da Liberdade, a primeira saída para o carnaval do grupo negro Ilê Aiyê faz-se durante a noite do sábado anterior à terça-feira gorda. A cerimônia transmite uma forte emoção coletiva. Na rua em que se formou o grupo em 1974 e que agora é um lugar prestigiado da cultura negra, a multidão aproxima-se pouco a pouco. Uma parte dos membros da associação carnavalesca, vestida com o seu ar "africano", os habitantes da rua (trabalhadores, desempregados, artesãos e pequenos comerciantes da economia "informal"), os adeptos do candomblé (o culto afro-brasileiro da Bahia), bem como os militantes da cultura afro-brasileira vindos de outros bairros, estudantes, professores, eleitos e militantes políticos mais ou menos contratados na luta antirracista misturam-se. Esse milhar de pessoas engrossa e triplica após cerca de três horas de marcha. Ao contrário do espetáculo carnavalesco de outros cortejos da cidade (em que os participantes dançam e saltam ruidosamente), os participantes desse desfile não dançam mas andam lentamente num ajuntamento denso mas sem violência. Ouvem distraidamente as canções e as percussões, entoam às vezes uma dessas canções que falam do racismo, do orgulho de ser negro, das remotas regiões de uma África mítica.

O desfile do Ilê Aiyê situa-se ao mesmo tempo no plano da festa – um rito carnavalesco cujo início é inspirado em formas religiosas afro-brasileiras – e no plano político: sem ser um partido, esse movimento defende por toda parte e todas as ocasiões a causa dos negros; nos anos 1980 foi um dos grupos mobilizadores para a formação do movimento negro no Brasil. Mas a composição do desfile não corresponde, com efeito, a uma identidade categorial homogênea, nem "racial", nem social: não é o partido de uma parte do corpo social. Se o movimento negro no qual participa esse grupo é um movimento identitário, o cortejo dessa saída carnavalesca não é identitária, nem na sua composição, nem na sua... emoção partilhada. Só a situação faz a comunidade: é um momento democrático que ultrapassa e, ao mesmo tempo, nega o projeto do "partido negro" – projeto que certos líderes, pouco numerosos, defendem fora desse contexto.

A questão mais geral que essa ação, ao mesmo tempo política e cultural, coloca é a do ponto de passagem entre a estratégia de emancipação (libertar-se dos constrangimentos nascidos da atribuição identitária) e a subjetivação (ser um sujeito livre de palavra numa comunidade de iguais).[14] A minha hipótese é que esse ponto não corresponde a uma evolução linear, mas a uma forma concreta: um espaço, um momento, uma situação. Pode ser a manifestação ou o desfile, quando acontecem.

---

[14] Sobre a emancipação e a afirmação de uma "relação política que permite pensar o sujeito político", ver J. Rancière, *Aux bords du politique.* Paris: La Fabrique, 1998.

Nesse sentido, a política pode existir da mesma maneira que a comunidade existe, o que não impede os questionamentos, os recuos identitários, categoriais etc.: é preciso começar sempre a política, e não recomeçar.

Provocar o aparecimento de comunidades de palavra nesses acontecimentos faz com que surjam os espaços da cidade dos lugares onde pode começar a política. Não sob uma forma transcendental e "religiosa", como uma preparação de dias remotos ou míticos, mas sob a forma imanente, pagã e múltipla, como a constituição de uma realidade presente, a do futuro imediato. É essa ação que "faz" a cidade que está para vir.

Nesses momentos iniciais a rua torna-se o espaço da política e também da invenção cultural. Um não vai sem o outro; indo além, devido a esse desdobramento, a manifestação de rua é já uma dimensão da cultura das cidades. E da sua memória: a Bastilha, a praça do Zocalo no México, a praça Tien An Men em Pequim etc. Não é a memória propriamente urbanística que faz gostar-se desses lugares simbólicos, mas sim a memória ritual da qual foram e são o apoio.

Como o mundo sonhado de Cloé, a cidade existe e vibra nesses instantes.

9
OCUPAÇÕES, INVASÕES, INSTALAÇÕES: FORMAS DO AGIR URBANO*

CP: Do ponto de vista das formas de agir na cidade, há uma diferença entre as cidades do Sul e que conhecemos na Europa?

MA: Isso depende, se você está mais na África ou na América Latina, há enormes diferenças. Mas o caráter geral é que a parte de urbanização informal ou de vida urbana marginal é muito importante. A parte de "*invasiones*", de favelas, de situações muito precárias no plano social, material, não tem comparação com o que se encontra na Europa. A cidade é esse espaço multiforme e muito amplamente precário. A palavra bairro de lata não funciona; é da cidade, mas autoconstruído, do habitat em tábuas, em telas plastificadas, em papelão etc. É, mesmo assim, aquilo que domina se você olha para o conjunto da aglomeração

* Entrevista com Constantin Petcou e Anne Querrien, publicada inicialmente com o título: "Politiques urbaines sans auteur. Une anthropologie des situations", *Multitudes*, n. 31 (Une micropolitique de la ville: agir urbain), 2008, pp. 51-60.

urbanizada. E, de repente, é mesmo preciso descentrarmo-nos. Depois, claro, há coisas que se podem comparar à escala planetária no plano da organização social e econômica. Mas, sobretudo, há coisas comparáveis na maneira como os encontros, os grupos se formam em dado momento, esquecendo um pouco o contexto material, o contexto institucional ou econômico. Há momentos de comunidade que se formam e isso você pode comparar porque se formam sempre como crítica ou negação de uma realidade vivida, local e material. Desse ponto de vista, político e estético, a aproximação e a comparação podem funcionar. E, além disso, há empréstimos culturais que se fazem, aí, há efetivamente algo que se unifica.

CP: Essa precariedade, essa mobilidade não alteram a dimensão política como imaginamos, o que faz com que talvez não haja esse tipo de ativismo urbano que se conhece no Norte.

MA: É diferente, mas isso não quer dizer que não exista. Em certo sentido, não será que é muito político quando um carnaval negro se forma no Brasil? Claro que se pode dizer que tudo "é recuperado", transformado, mas há um momento em que qualquer coisa muito política acontece, e é enorme, do ponto de vista dos nossos critérios de participação maciça, de violência ou de agressividade no sentido positivo da expressão oral. Mesmo os partidos políticos no Brasil não compreendem muito bem como isso se passa. Tentam recuperá-lo, entrar, mas há um movimento que se passa. Por exemplo, o movimento negro existe com demandas muito precisas no plano político, e isso exprime-se no espaço do carnaval. Depois, a direita e a esquerda tentam se meter nesse movimento e politizá-lo, no sentido da política dos partidos. Mas esse movimento existiu, e essa reivindicação de igualdade traduz-se, agora no Brasil, por coisas que não se tem na França ao nível do debate sobre a questão racial. No carnaval, em Salvador, diz-se: "a rua é do povo". Há uma conquista da cidade, uma ocupação do espaço que se faz nesse momento e isso mete medo às autoridades da cidade. O que se passou desde então é que estas controlaram o espaço. O que se passa é muito interessante. Na sequência desses movimentos que adotaram uma forma subversiva no carnaval, frações de espaços foram recortadas no circuito do carnaval. Agora, há três circuitos separados, que não se podem tocar. Ou seja, segmentou-se a festa do carnaval para fazer de modo que "cada um se sinta em casa". Já não se pode ocupar o espaço do outro e mostrar que há uma diferença. Antes disso, os negros dos bairros populares desembarcavam nos bairros brancos muito elegantes da orla (beira-mar), era isso que, de repente, metia medo, causava desordem, bagunça. O que é o motor, nesse momento, são os grupos que dizem "há algo que não está bem", sejam eles negros, gays... É isso que faz com que possa parecer subversivo. Em diferentes épocas, durante o carnaval, houve coisas assim, ocupamos o espaço que nos é proibido na vida diária. A partir daí, algo que altera a ordem social comum aparece.

O que nos ensina a frequentação de espaços urbanos ou não urbanos, africanos ou latino-americanos, mas africanos, sobretudo, é que não há realmente um modelo de cidade. 75% ou 80% da população vive num espaço pouco controlado, pouco visto, pouco conhecido, muito reduzido e precário na sua materialidade. Não quer dizer que seja anárquico, desordenado, apenas quer dizer que não o conhecemos muito bem. Além disso, temos de admitir que os mecanismos da política, da tomada da palavra, da ação social nesses espaços são diferentes dos que temos na França. Nesses espaços pode haver certas utilizações, apropriações de recursos que vêm da esfera globalizada. Por exemplo, a utilização do vídeo nos bairros populares muito pobres. Produzir imagem sai mais barato, afinal, do que urbanizar materialmente. O que se chamou de "câmeras de favela", por exemplo,[1] que há no Brasil, na Colômbia, daquilo que conheço. São projetos, com televisões de bairro, televisões locais ou comunitárias em que as pessoas mostram a sua situação a partir de reportagens sobre temas muito localizados. Na Colômbia, numa colina, sobre um bairro, você tem uma televisão comunitária conectada a circuitos e, durante algumas horas por dia, difunde o programa de uma televisão comunitária. As pessoas do bairro vão contar as suas histórias, as associações vêm promover a sua ação etc. É um pouco como os "gatos", as ligações clandestinas à rede elétrica. Durante várias horas por dia, eles entram em outros canais. Depois, no mesmo canal, os telelespectadores encontram o canal oficial, legal.

CP: Trata-se de uma criatividade em que o conceito de autor é muito menos importante, que é muito mais coletivo, que age de uma outra maneira no espaço?

MA: É a história do teatro das *townships*... Trabalhadores negros sob o apartheid, que habitam as *townships* e que vão trabalhar nas minas ou na cidade branca e que regressam à *township* à noite e começam a representar, contar, a brincar com tudo o que lhes aconteceu durante o dia. Parecido com uma prática muito antiga, a dança de "*gumboots*", as botas de borrachas, as danças

[1] Ver P. Percq, *Les caméras des favelas*. Paris: Éditions de l'Atelier, 1998.

de mineiros que imitavam a maldade do contramestre contra os negros, a dança era uma caricatura da equipe de trabalho na mina, nos anos 1930. E, no teatro das *townships*, são os trabalhadores negros que voltam à casa e que, entre si, contam e gozam com o poder que os submete durante o dia. Começam a fazer comédias na rua, e essas comédias tornam-se cada vez mais sistemáticas até se tornarem uma forma de teatro. Efetivamente, não há autor no sentido ocidental. É uma criação muito política, mas, no fim das contas, aquilo se torna uma forma teatral. Peter Brook fez um livro, apresenta as encenações, exporta-o... aquilo torna-se o teatro das *townships* como forma de teatro.[2] O teatro popular é o teatro da *township*. E é possível falar da mesma maneira dos "*gumboots*" que são danças em que se bate com os pés com muita força, grandes botas de mineiros e de dançarinos. As botas fazem um barulho de percussões, há gritos em que os dançarinos imitam as relações autoritárias na mina... e o "*gumboot*" torna-se uma dança que circula, espetáculos têm lugar em Paris e noutros lugares no mundo. Hoje, quando se visita uma *township* no Soweto, na África do Sul pós-apartheid, bandos de jovens apresentam um espetáculo de "*gumboots*" como sendo a cultura tradicional da *township*, por conseguinte, completamente deslocada em relação ao que era, a seu início, ao que deu essa criação. Tornou-se uma performance dos jovens das townships. Tudo isso se transforma, se diferencia, torna-se uma forma estética destacada do contexto e do sentido que havia no início dessas criações artísticas. E, no Brasil, a forma do samba em sua origem é também uma festa (o batuque) que se passa na rua; essa festa de rua, de passeio mes-

[2] P. Brook, "Préface", in *Afrique du Sud, Théâtre des townships*. Arles: Actes Sud, 1999, pp. 7-10.

mo, está na origem da festa de samba. Pessoas reencontram-se e começam a contar as histórias, a cantar, a tocar as percussões e depois... é isso que está na origem do samba.

CP: Parece-me que esse tipo de práticas do cotidiano, de comunicações, de comentários, de interrogações do cotidiano é muito interessante mas não será que se perde, quando uma parte dessas pessoas chega ao Ocidente?[3]

MA: É toda a questão do espaço, é o que também leio no seu projeto, isto é, os espaços potenciais suscetíveis de serem reativados temporariamente como espaços públicos. É necessário que haja um espaço comum que não é o espaço privado mas que também não é um espaço estranho, onde você sinta-se eventualmente vulnerável, não livre. É isto o espaço de liberdade da festa, no sentido em que o momento de liberdade e de inventividade precisa de um espaço público nem demasiado privado nem demasiado estranho, e que se pode criar temporariamente. Por isso, não penso que seja impossível na Europa. É verdade que para nós não é evidente ver a rua como este espaço de liberdade... mas basta ver onde se inventam, por exemplo, as cenas de rap, em que lugares... são os jovens das cidades que "aguentam as paredes" ao pé de um edifício e que começam a desafiar-se... No fim de contas, há realmente uma coerência antropológica no sentido em que são ainda espaços entredois, nem demasiado dentro nem demasiado fora. O que nos leva à ideia de rua, não ao fato em si mesmo da rua mas à ideia de rua como intermediária entre a grande praça anônima e o lar doméstico.

---

3 Ocidente pensado aqui de forma bastante "eurocêntrica". (N.T.)

CP: Faltam espaços intermediários...

MA: Com efeito, o que é um problema são os espaços entre ambos, vai para além de uma mera questão arquitetônica, urbanística, geográfica. Isso tem uma dimensão antropológica. É a questão de saber onde se passa a imaginação ritual e a liberdade de criação. É sempre nos espaços entredois, é a ideia do limiar, e essa ideia do limiar, na antropologia dos rituais, é central. No ritual, duplica-se, criam-se outras identidades imaginadas e comunidades imaginadas. Se estamos nas políticas urbanas duras que dizem que há apenas o público e o privado e nada entre os dois, precisamente porque esse entredois é instável, indefinido e, por conseguinte, dificilmente controlável, então não se tem limiar, não se tem este espaço que corresponde ao limiar para o ritual. É por isso que há ocupações de espaços em certos momentos, a dimensão temporal é importante, em dado momento a ordem "ou é privado ou é público" transforma-se porque deixa de ser aceitável. Há uma ocupação que diz "não, aquilo é um espaço que não é nem privado nem público, que está entre dois" e utiliza-o como espaço de criação, de liberdade, de ritual. É necessário poder criar uma dimensão ritual, ou seja, extraí-la de um cotidiano ainda que seja para falar dele, para denunciar uma injustiça. Há sempre um espaço de passagem, ritual, no qual nos transformamos. A tomada da palavra pode se fazer com formas de locução diferentes, mascarando-se, desfilando, em grupo, falando coletivamente, enfim, a experiência mostra-nos que há uma quantidade incrível de formas de tomar a palavra e de ritualizações associadas a este espaço intermediário. Numa palavra, eu diria que o que há de comum nessas tomadas de palavra e nessa criatividade, o que é o seu fundamento comum, é o fato de se ter, ao mesmo tempo, um espaço-tempo entredois e uma ritualização.

Se nos questionarmos sobre o operador da mudança, o que faz surgir um movimento, uma política, enfim, um gesto político, uma ação, um movimento que transforma, então, a minha experiência e a leitura que tenho de outros trabalhos fazem-me dizer que certa tradição da antropologia é muito útil, a que se interessa pelo ritual, pelo não cotidiano, pela transformação do cotidiano numa fonte de imaginação que precisa sempre de um espaço fora do cotidiano. Podemos voltar a Van Gennep ao século XIX e às suas análises sobre as fases preliminares, liminares e pós-liminares do ritual.[4] O que permite uma leitura que se pode sempre atualizar para perceber como é feita uma manifestação, o que é uma manifestação bem-sucedida, o que é uma manifestação falhada, segundo esse ponto de vista, ou o que é uma festa com sucesso, o que é uma festa fracassada. Quando é que um assunto surgiu, quando uma tomada de palavra aconteceu? Nessa altura pode-se politizar e operacionalizar a análise da antropologia ainda que possa parecer, por vezes, teórica e desligada do presente.

AQ: Mesmo assim, tenho a impressão de que os antropólogos não gostam da maneira como o mundo muda. Vejo um hiato nessa dupla presença da escrita que descreve o mundo a desestruturar-se e da capacidade ou mesmo do prazer em viajar como observador nesses mundos que se desestruturam.

MA: Concordo bastante com seu comentário. O hiato que você evoca existe no seio da antropologia existe, sem dúvida, em cada antropólogo que vê o que desaparece ao mesmo tempo que o que aparece. Algo se decide nessa clivagem que não é só individual,

4 Ver A. Van Gennep, *Les rites de passage*. Paris: Picard, 1909 (1981).

é teórica e é muito política, também, no sentido em que isso tem efeitos na maneira de se comprometer face às experiências vividas, as suas ou as dos outros. Por um lado, existe uma versão passadista da antropologia, agarrada ao que morre, ao que desaparece, estando o antropólogo encarregado de encontrar os vestígios, fazer reviver os vestígios do passado, por exemplo, as velhas identidades comunitárias "em vias de desaparecimento". Mas outra maneira de fazer antropologia é interessar-se não pelos vestígios do passado mas sim pelas emergências. A antropologia das emergências, do contemporâneo, é a que vai descobrir o que nasce, o que se transforma, o que está em processo. É toda a contribuicão da antropologia situacional que se desenvolveu aproximadamente nos anos 1950 quando a antropologia estrutural dominava já. O conceito de situação desenvolveu-se um pouco por toda a parte, em arquitetura, em filosofia também com as "situações" de Sartre, e em política até a "internacional situacionista". Houve uma contemporaneidade. Na mesma década apareceram o situacionismo filosófico, o político, o artístico e, poder-se-ia dizer, o antropológico. Essa contemporaneidade dos diferentes conceitos de situação é interessante. Não significam completamente a mesma coisa mas, mesmo assim, do ponto de vista da antropologia é dada uma atenção não à "contraestrutura" como na versão de Victor Turner,[5] mas uma outra abordagem alternativa à antropologia estrutural surge. Por conseguinte, na etnografia urbana, por exemplo, não se diz "tudo se resume a políticas institucionais", aborda-se, olha-se o mundo a partir de acontecimentos ou situações e não a partir de uma representação

[5] Ver V. Turner, op. cit., 1990 [1969].

externa das estruturas… que, de resto, não se veem. Creio que se conduziu demasiado a análise estrutural, a partir de Durkheim e, seguidamente, de Lévi-Strauss, para uma representação já dada, já existente, da sociedade como estrutura social. Mas nunca se veem as estruturas sociais! Veem-se e vivem-se situações e, a partir daí, tecem-se os fios para compreender… é isso a antropologia das situações. Por isso, não há duas antropologias, mas sim maneiras diferentes de fazer antropologia com objetos diferentes e, portanto, campos diferentes, maneiras de pesquisar diferentes etc.

CP: Volto à estrutura social. Falamos, há pouco, das novas situações de famílias dispersas no mundo, de famílias dispersas. Poderíamos defini-las, renomear também como uma desterritorialização social que pode ser muito interessante, de um ponto de vista econômico, mas que pode, talvez, criar problemas de um ponto de vista cultural. Quer dizer, que as pessoas vivem em novos contextos, novos valores, novas representações e penso que há muitas coisas que se jogam ao nível do imaginário. Vive-se a distância, há imagens fortes, dos dois lados, de resto. Interrogo-me se o imaginário não tem um papel importante e penso também no novo centro de cinema na Índia, Bollywood, ou Nollywood na África. Esses filmes repetem todos, pouco mais ou menos, os modelos burgueses, quase como Dallas *com um novo* décor. *Não será isso "perigoso" pela relação com essa prática do cotidiano?*

MA: Creio que é sempre preciso saber medir o momento em que se está num processo cultural. Porque há sempre um momento em que alguma coisa aparece como esses fenômenos que você menciona através da televisão, do cinema. Um momento em que as coisas chegam e parecem sempre estrangeiras, em seguida há um momento em que as pessoas se apropriam, transformam, fazem alguma coisa e diz-se: "é uma criação" ou então "é uma tradição" enquanto aquilo foi refeito e inventado ontem ou anteontem. A bem da verdade, há sempre bricolagem, há sempre um momento em que algo foi agarrado e incorporado, é um pouco a ideia brasileira da cultura antropófaga, mas todos o fazem, agarra-se, recebem-se várias informações, imagens, palavras, conceitos, valores e depois transformam-se e faz-se uma outra coisa, sempre à maneira local. Então isso depende de onde nos situamos no processo. Em dado momento, tudo isso não é nada bonito, não nos agrada, parecem imitações, a uma recepção passiva. E depois pode-se pegar nesse processo em outro momento, mais criativo e aí isso avança, agrada-nos e esquecemos que a origem era uma enésima versão de... *Dallas*! É-se um antropólogo conservador quando se diz que as coisas desaparecem, que a cultura desaparece e que isso empobrece. Não penso que isso empobreça, isso transforma-se.

De novo, pode-se estabelecer uma ligação entre a maneira de conceber e ocupar os espaços da cidade, a proximidade entre processo cultural e processo urbano. Por exemplo, no caso das "invasões" que estão na origem das favelas. Em dado momento chega alguém e ocupa o espaço. Depois chega outro e diz "bem, pode ocupar o espaço na condição de estarmos de acordo nisto e naquilo, vocês são a minha clientela eleitoral", "sim de acordo, seremos a sua clientela eleitoral mas com as seguintes condições" etc.; há uma negociação, portanto. É preciso que alguma coisa se movimente, em certa altura, pessoas que chegam e dizem "vamos ocupar". No caso dos refugiados em campos, na África, a pergunta do espaço é também muito forte. Há um momento em que os refugiados vão ocupar um espaço, vão recusar uma ração alimentar, vêm 150 à sala do ACNUR e dizem: "nós todos somos vulneráveis, não há razão para uns serem mais do que outros" e, nesse momento, irrompe algo diferente. O momento político surgiu quando 150, 200 ou 250 refugiados disseram: "recusamos ser tratados como uma categoria x ou y, nós somos cidadãos, reivindicamos coisas" etc. E nessa altura tem à sua frente alguém que diz: "bom, de acordo, vamos ver, vamos negociar"; todos têm medo da "*riot*", do motim no campo, é a obsessão dos gestores dos campos porque se trata de um espaço que pode ser explosivo. Há sempre duas formas de comentar esse tipo de situações. A forma *a posteriori* e exterior que consiste em dizer que "finalmente, tudo é político", a razão impõe-se e todos se reencontram. E há uma outra maneira de compreender quem se põe no interior da própria situação, na experiência se que viveu, que consiste em descrever como, em dado momento, as pessoas disseram "aqui há uma injustiça, não estamos de acordo, não somos refugiados, somos cidadãos" ou "não somos marginais, temos direito a um alojamento" etc., mesmo que, mal ocupem um espaço, chegue alguém que lhes diga "de acordo, deixo-os, mas vocês são a minha clientela" etc. Essa é a negociação que vem após o primeiro movimento, o da invasão. O que para mim é importante reter e compreender é esse agir político e urbano, é o que marca uma linha de divisão entre o antes e o depois. Uma fotografia de Sebastião Salgado é muito interessante desse ponto de vista. É o momento em que os sem-terra chegam, vê-se uma massa que chega em certo espaço, e é esse movimento, exatamente, que é mostrado pela fotografia. Cruzam uma espécie de barreira, você vê o movimento e o que vê nesse momento é uma conquista do espaço.[6] Após o que há a negociação, esse segundo tempo é o

[6] Fotografia intitulada "Les Sans-Terre prennent possession de la ferme Giacometti, État de Paraná, Brésil, 1996", in S. Salgado, *Terra*. Paris: La Martinière, 1997.

da negociação, da combinação, da divisão de poderes sobre um território, mas isso quer dizer que lhes reconheceram o seu ato coletivo e que foi esse ato que criou uma nova situação.

CP: Você é um antropólogo muito otimista...

MA: Sim e não. Não porque tendencialmente, historicamente vai-se para mais apartheid, à escala planetária e, portanto, para o desaparecimento do "mundo" na acepção de Hannah Arendt para quem o mundo é o espaço que está entre os humanos, e quando esse espaço se reduz então "o deserto cresce". Mas sim porque o que se vê, nas microexperiências, na micropolítica e nos acontecimentos locais, é que há espaços públicos intermediários que se tornam familiares, adequados, apesar de estarem fora da família. São situações, movimentos, acontecimentos em vez de coisas rígidas, como uma praça, um espaço particular. Daí a importância das ocupações, das instalações, das ações, se tomarmos os três aspectos respectivamente urbanos, artísticos e políticos. Podemos estabelecer correspondências entre ocupação/invasão urbana, instalação artística, manifestação política. São três situações de tomar a palavra.

BIBLIOGRAFIA

AGAMBEN, Giorgio. *Homo sacer: le pouvoir souverain et la vie nue.* Paris: Seuil, 1997.

AGIER, Michel. *L'invention de la ville. Banlieues, townships, invasions et favelas.* Paris: EAC, 1999.

———. *Anthropologie du carnaval: la ville, la fête et l'Afrique à Bahia.* Marselha--Paris: Parenthèses/IRD, 2000.

———. "Le temps des cultures identitaires". *L'Homme*, Paris, n. 157, pp. 87-114, 2001.

———. *Salvador de Bahia: Rome noire, ville métisse.* Fotografias de Christian Cravo. Paris: Autrement, 2005.

———. *Le couloir des exilés: être étranger dans un monde commun.* Broissieux: Éditions Le Croquant, 2011.

———. *Gérer les indésirable: des camps de réfugiés au gouvernement humanitaire.* Paris: Flammarion, 2008.

——— e LULLE, T. "Héritiers et prolétaires: travail, mobilité sociale et vies de familles à Lomé (Togo)". *Cahiers des Sciences Humaines*, Paris, n. 23, IRD, pp. 215-41, 1987.

——— e RICARD, A. "Introduction", *Autrepart*, Paris, n. 1 (Les arts de la rue dans les sociétés du Sud), La Tour d'Aigues: IRD e L'Aube, pp. 5-14.

———, Alvarez, M., Hoffmann, O. e Restrepo, E. *Tumaco: haciendo ciudad: historia, identidad, cultura*. Bogotá: Instituto Colombiano de Antropologia y Historia, IRD, Univalle, 1999.

Althabe, G., Marcadet, C., Pradelle, M. e Sélim, M.). *Urbanisation et enjeux quotidiens. Terrains ethnologiques dans la France actuelle.* Paris: Anthropos, 1985. Reedição: L'Harmattan, 1993.

Althabe, G. "La résidence comme enjeu". In: Althabe, G. *et al. Urbanisation et enjeux quotidiens, terrains ethnologiques dans la France actuelle.* Paris: Anthropos, 1985, pp. 11-69.

———. "Ethnologie du contemporain et enquête de terrain". In: *Terrain, Carnets du Patrimoine ethnologique*, n. 14, 1990.

———. "Proche et lointain: une figure savante de l'étranger". In: Ostrowetsky, S. (org.). *Sociologues en ville.* Paris: L'Harmattan, 1996.

———. "Le centre civique de Bucarest: de l'idée à la mémoire", *Enquête*, Marselha, n. 4 (La ville des sciences sociales), Parenthèses, 2008, pp. 147-51.

Amnesty International, *Soudan. Les Déplacés du Darfour: la génération de la colère*, Paris: A.I. Éditions, 2008.

Amselle, J.-L. "Ethnies et espaces: pour une anthropologie topologique". In: Amselle, J.-L. e M'Bokolo, E. (orgs.). *Au cœur de l'ethnie: ethnies, tribalisme et État en Afrique.* Paris: La Découverte, 1985, pp. 11-48.

Anderson, N. *Le hobo: sociologie du sans-abri.* [1923] Paris: Nathan, 1993.

Appadurai, A. *Après le colonialisme: les conséquences culturelles de la globalisation.* Paris: Payot, 2001,

Arendt, H. *Condition de l'homme modern.* [Calmann Lévy, 1961] Paris: Presses Pocket, 1988.

Arendt, H. *Qu'est-ce que la politique?.* Texto estabelecido por Ursula Ludz. Tradução do alemão pra o francês de Sylvie Courtine-Denamy. Paris: Seuil, 1995 [1993].

Augé, M. *Non-lieux: introduction à une anthropologie de la surmodernité.* Paris: Seuil, 1992.

———. *Pour une anthropologie des mondes contemporains.* Paris: Aubier, 1994.

Barnes, J. A. "Networks and Political Process". In: Mitchell, J.C. (org.). *Social Networks in Urban Situations: Analyses of Personal Relationships in Central African Towns.* Manchester: Manchester University Press, 1969, pp. 51-76.

BARTH, F. "Introduction" [1969]. In: BARTH, F. *Ethnic Groups and Boundaries.* Oslo: Universitetsforlaget (tradução francesa in: POUTIGNAT, P. e STREIFF--FENARD, J. *Théories de l'ethnicité.* Paris: PUF, 1995, pp. 203-49).

BAUMAN, Z. *Liquid Modernity.* Cambridge: Polity Press, 2002.

BAZIN, J. "Interpréter ou décrire: notes critiques sur la connaissance anthropologique". In: REVEL, J. e WACHTEL, N. (org.) *Une école pour les sciences socials.* Paris: Cerf/Édition de l'Ehess, 1996.

BEAUD, S. e PIALOUX, M. *Violences urbaines, violence sociale: Genèse des nouvelles classes dangereuses.* Paris: Fayard, 2003.

BERQUE, A. (org.) *La maîtrise de la ville.*Paris: Éditions de l'Ehess, 1994.

BOTT, E. *Family and Social Network.* Londres: Tavistock, 1957.

BOUILLON, F. *Les mondes du squat: anthropologie d'un habitat précaire.* Paris: PUF, 2009.

BOURGOIS, P. *Enquête de respect: Le crack à New York.* Paris: Seuil, 2001.

BURGESS, E.W. "The Growth of the City". In: BURGESS, E.We PARK, R.E. *The City.* Chicago–London: The University of Chicago Press, 1967 [1925].

BROOK, P. "Préface". In: *Afrique du Sud: théâtre des townships.* Arles: Actes Sud, 1999, pp. 7-10.

CALDEIRA, T. *City of Walls: crime, segregation, and citizenship in São Paulo.* Berkeley: University of California Press, 2000.

CALVINO, I. *As cidades invisíveis.* São Paulo: Companhia das Letras, 2003 [1972].

CERTEAU, M. *L'invention du quotidien, 1. Manières de faire.* Paris: Gallimard, 1980.

CHOAY,F. "Six thèses en guise de contribution à une réflexion sur les échelles d'aménagement et le destin des villes". In: BERQUE, A. (org.). *La maîtrise de la ville.* Paris: Éditions de l'Ehess, 1994.

———. *Pour une anthropologie de l'espace.* Paris: Seuil, 2006.

CLIFFORD, J. *Malaise dans la culture: l'ethnographie, la literature et l'art au XXe siècle.* Paris: ENSBA, 1996.

COHEN, A. *Masquerade Politics: explorations in the Structure of Urban Cultural Movements.* Oxford: Berg, 1993.

COPLAN, D. *In the Time of Cannibals:The Word Music of South Africa Basotho Migrants.* Chicago: University of Chicago Press, 1994.

CORDEIRO, G. I. e VIDAL, F. (orgs.). *A Rua: espaço, tempo, sociabilidade.* Lisboa: Livros Horizonte, 2008.

DAAS, V. e POOLE, D. (orgs.). *Anthropology in the Margins of the State.* Santa Fé: School of Adavanced Research Press, 2004.

DAMATTA, R. *Carnaval, bandits et héros.* Paris: Seuil, 1983.

DAVIS, M. *City of Quartz: Los Angeles, capitale du futur.* Paris: La Découverte, 1997 [1990].

———. *Le pire des mondes possibles. De l'explosion urbaine au bidonville global.* Paris: La Découverte, 2006).

DERRIDA, J. *Cosmopolites de tous les pays, encore un effort.* Paris: Galilée, 1997.

DETIENNE, M. *Comment être autochtone: Du pur athénien au français raciné.* Paris: Seuil (Librairie du XXe siècle), 2003.

DONZELOT, J. *La ville à trois vitesses, et autres essais.* Paris: Éditions de La Villette, 2009.

DORAÏ, K. "Du camp à la ville. Migrations, mobilités et pratiques spatiales dans les camps de réfugiés palestiniens au Liban". *Asylon(s)*, n. 5 (Palestiniens en/hors camps. Formes sociales, pratiques des interstices), 2007.

DORIER-APPRILL, E. e GERVAIS-LAMBONY, P. (org.) *Vies citadines.* Paris: Belin, 2005.

FOURNIER, P. e MAZZELLA, S. (orgs.) *Marseille, entre ville et ports: Les destins de la rue de la République.* Paris: La Découverte, 2004.

FOX, R. *Urban Anthropology: Cities in Their Cultural Settings.* Englewood Cliffs–Nova Jersey: Prentice Hall, 1977.

GALLIAN, C. "Pratiques de l'espace urbain: Évolution de la relation privé/public dans l'habiter au Japon". In: BERQUE, A. (org.) *La maîtrise de la ville.* Paris: Éditions de l'Ehess, 1994.

GANS, H., *The Urban Villagers:Group and Class in the Life of Italian- Americans.* Nova York: Free Press, 1982 [1962].

GARCIA CANCLINI, N. (org) *La antropologia urbana en Mexico.* México: Conaculta/UAM/FCE (Biblioteca Mexicana), 2005.

———. *Culturas híbridas. Estratégias para entrar y salir de la modernidad.* México: Grijalbo, 1989.

GOFFMAN, E. *La mise en scène de la vie quotidienne.* Paris: Minuit, 1973.

GRAFMEYER, Y. "Regards sociologiques sur la ségrégation". In: BRUN, J. e RHEIN, C. (orgs.) *La ségrégation dans la ville.* Paris: L'Harmattan, 1994.

——— e Joseph, I. (orgs.). *L'école de Chicago: naissance de l'écologie urbaine.* Paris: Aubier, 1984 [Éd. Champ urbain, 1979].

Gutwirth, J. *L'anthropologie urbaine en France: un regard rétrospectif* (HALSHS-archives-ouvertes.fr-00267536), 2007.

——— e Pétonnet, C. (orgs.). *Chemins de la ville: enquêtes ethnologiques.* Paris: Éditions du CTHS, 1987.

Halbwachs, M. "Chicago, expérience ethnique" [1932]. In: Grafmeyer, Y. e Joseph, I. (orgs.), *L'école de Chicago: naissance de l'écologie urbaine.* Paris: Aubier, 1984.

Hamonic, G. "Les fantômes dans la ville: l'exemple de Singapour". *Journal des anthropologues,* n. 61-62, Association Française des Anthropologues, 1995, pp. 125-38.

———. "L'invention du patrimoine urbain à Singapour: entre fantômes ancestraux et ville mondiale", *Autrepart,* Paris, n°33, IRD Éditions/Armand Colin, 2005, pp. 157-70.

Hannerz, U. *Explorer la ville: éléments d'anthropologie urbaine.* Paris: Minuit, 1983.

———. *Cultural complexity:Studies in the Social Organization of Meaning.* Nova York: Columbia University Press, 1983.

———. "Os limites de nosso autorretrato: antropologia urbana e globalização" (entrevista concedida a F. Rabossi). *Mana,* Rio de Janeiro, Museu Nacional, vol. 5, n. 1.

Hersant, Y. "Introduction". *Le genre humain,* n° 34 (Lumières sur la ville), 1999.

Herskovits, M. *L'héritage du Noir: mythe et réalité.* Paris: Présence Africaine, 1966 [1941].

Hilgers, M. *Une ethnographie à l'échelle de la ville: Urbanité, histoire et reconnaissance à Koudougou (Burkina Faso).* Paris: Karthala, 2009.

Journal des Anthropologues, "L'imaginaire de la ville", n. 61-62, 1995.

Joseph, I. "Le droit à la ville, la ville à l'œuvre. Deux paradigmes de la recherche", *Annales de la Recherche urbaine,* n. 64, 1994.

La Pradelle, M. "Comment décrire un marché?". In: Ostrowetsky, S. (org.). *Sociologues en ville.* Paris: L'Harmattan, pp. 91-104.

———. 2000, "La ville des anthropologies". In: Paquot, T., Lussault, M. e Body-Gendrot, S. *La ville et l'urbain: État des saviors.* Paris: La Découverte, 2000.

Le Bris, E., Marie, A., Osmont, A. e Sinou, A. "Résidences, stratégies, parenté dans les villes africaines". *Les Annales de la Recherche Urbaine*, n. 25, pp. 13-30, 1984.

Leimdorfer, F., Marie, A. (org.). *L'Afrique des citadins: Sociétés civiles en chantier (Abidjan, Dakar)*. Paris: Karthala, 2003.

Lepetit, B. "La ville: cadre, objet, sujet: vingt ans de recherches françaises en histoire urbaine", *Enquête*, n. 4 (La ville des sciences sociales). Marselha: Parenthèses, 1997.

Le Play, F. *Ouvriers des deux mondes*. Thomery: À l'Enseigne de l'Arbre verdoyant, 1983 [1857].

Lepoutre, D. *Cœur de banlieue, Codes, rites et langages*. Paris: Odile Jacob, 1997.

Lévi-Strauss, C. *Tristes Tropiques*. Paris: Plon (Terre humaine), 1955.

Lewis, O. *Les enfants de Sanchez: Autobiographie d'une famille mexicaine*. Paris: Gallimard, 1963 [1961].

———. *La Vida. Une famille portoricaine dans une culture de pauvreté, San Juan et New York*. Paris: Gallimard, 1969 [1965].

Magnani, J.G.C. "As cidades de *Tristes Trópicos*". *Revista de Antropologia*, São Paulo, USP, vol. 42, n. 1-2, 1999.

———. *Festa no pedaço: cultura popular e lazer na cidade*. São Paulo: Hucitec, 2003 [1984].

Marie, A. (org.). *L'Afrique des individus. Itinéraires citadins dans l'Afrique contemporaine*. Paris: Karthala, 1997.

Maspero, F. *Les passagers du Roissy-Express*. Fotografias de Anaïk Frantz. Paris: Seuil, 1990.

Meron, N. *Proposition d'urbanisation pour Kalandia, camp de réfugiés en Cisjordanie*. Paris: École d'Architecture de Paris La Villette, 2003.

Mitchell, J.C., "The Kalela Dance, Aspects of Social Relationships among Urban Africans in Northern Rhodesia". Manchester: Manchester University Press, 1956. (Tradução francesa e apresentação por Agier, M. e Nahrath, S. *Enquête*, n° 4, *La ville des sciences sociales*, 1997, pp. 213-43).

———. "The Concept and Use of Social Networks". In: Mitchell, J.C. (org.). *Social Networks in Urban Situations: Analyses of Personal Relationships in Central African Towns*. Manchester: Manchester University Press, 1969, pp. 1-50,.

———. "The Situational Perspective". In: Mitchell, J.C. *Cities, Society, and Social Perception: A Central African Perspective.* Oxford: Clarendon Press, 1987, pp. 1-33.

Muller, C. "Bottes en caoutchouc, migrants et Fred Astaire: danse ouvrière et style musical en Afrique du Sud". In: Agier, M. e Ricard, A. (org.). *Les arts de la rue dans les sociétés du Sud.* Paris: Autre part, n. 1, 1997, pp. 71-89.

Multitudes. "Une micropolitique de la ville: agir urbain" (dossiê organizado por Petcou, C., Petrescu, D. e Querrien, A.), n. 31, 2008.

Ogien, R. *Théories ordinaires de la pauvreté.*Paris: PUF, 1983.

Ostrowetsky, S. (org.). *Sociologues en ville.* Paris: L'Harmattan, 1996.

Paquot, T. *Terre urbaine: Cinq défis pour le devenir urbain de la planète.* Paris: La Découverte, 2006.

———. Lussault, M. e Body-Gendrot, S. *La ville et l'urbain: État des saviors.* Paris: La Découverte, 2000.

Park, R.E. "La ville. Propositions de recherche sur le comportement humain en milieu urbain" [1925]. In: Grafmeyer, Y. e Joseph, I. (org.). *L'école de Chicago: naissance de l'écologie urbaine.* Paris: Aubier, 1984.

———. 1929, "La ville comme laboratoire social" [1929], In: Grafmeyer, Y. e Joseph, I. (org.). *L'école de Chicago: Naissance de l'écologie urbaine.* Paris: Aubier, 1984.

———. "A comunidade urbana como configuração espacial e ordem moral" [1925] In: Pierson, D. *Estudos de ecologia humana.* São Paulo: Livraria Martins, 1948.

Perec, G. *Espèces d'espaces.* Paris: Galilée, 2000 [1974].

Percq, P. *Les caméras des favelas.* Paris: Éditions de l'Atelier, 1998.

Pirie, G. "Travelling under apartheid". In: Smith, D.M. *The Apartheid City and Beyond. Urbanisation and Social Change in South Africa.* Londres: Routledge, 1992, pp. 172-81.

Rancière, J. *La mésentente:politique et philosophie.* Paris: Galilée, 1995.

———. *Aux bords du politique.* Paris: La Fabrique, 1998.

Raulin, A. *Anthropologie urbaine.* Paris: Armand Colin, 2007 [2001].

Redfield, R. *Tepotzlan, a Mexican Village.* Chicago: University of Chicago Press, 1930.

Rogers, A. e Vertovec, S. (orgs.). *The Urban Context. Ethnicity, Social Networks and Situational Analysis.* Oxford–Washington: Berg Publishers, 1995.

SALGADO, S. *Terra.* Paris: La Martinière, 1997.

SCHWARTZ, O. "L'empirisme irréductible". In: ANDERSON, N. *Le hobo: sociologie du sans-abri.* Paris: Nathan, 1993.

SERRES, M. *Le Tiers-instruit.* Paris: François Bourin, 1991.

SIGNORELLI, A. *Antropologia urbana.* Barcelona: Anthropos, 1991.

SIMMEL, G. "Digressions sur l'étranger" [1908]. In: GRAFMEYER, Y. E JOSEPH, I. (orgs.). *L'école de Chicago: naissance de l'écologie urbaine.* Paris: Aubier, 1984.

SOUTHALL, A. (org.) *Social Change in Modern Africa.* Londres: Oxford University Press, 1961.

———. "The Density of Role-Relations as a Universal Index of Urbanization". In: SOUTHALL, A. (org.). *Urban Anthropology: Cross-Cultural Studies of Urbanization.* Nova York: Oxford University Press, 1973, pp. 71-106.

TURNER, V. *Le phénomène rituel. Structure et contre-structure.* Paris: PUF, 1990. [1969].

VALENTINE, C. *La cultura de la pobreza: crítica y contrapropuesta.* Buenos Aires: Amorrortu, 1970.

VALLADARES, L. *La favela d'un siècle à l'autre.* Paris: Éditions de la Maison des Sciences de l'homme, 2005.

VAN GENNEP, A. *Les rites de passage.* Paris: Picard, 1981 [1909].

VELHO, G. *Antropologia urbana: cultura e sociedade no Brasil e em Portugal.* Rio de Janeiro: Jorge Zahar editor, 1999.

WACQUANT, L. *Parias urbains: ghetto, banlieues, État.* Paris: La Découverte, 2006.

WADE, P. "Trabajando con la cultura: grupos de rap e identidad negra en Cali". In: CAMACHO, J. e RESTREPO, E. (orgs.). *De montes, ríos y ciudades: territorios e identidades de la gente negra en Colombia.*Bogotá: Natura/Ican/Ecofondo, 1999, pp. 263-86.

WEBBER, M. *L'urbain sans lieu ni bornes.* La Tour d'Aigues: L'Aube, 1996 [1964].

WIRTH, L. "Le phénomène urbain comme mode de vie" [1938]. In: GRAFMEYER, Y. E JOSEPH, I. (orgs.). *L'école de Chicago: naissance de l'écologie urbaine.* Paris: Aubier, 1984,pp. 251-77.

ZALUAR, A. *A máquina e a revolta: as organizações populares e o significado da pobreza.* São Paulo: Brasiliense, 1985.

Obras referidas em outra língua com tradução em português

ARENDT, H. *A condição humana.* Rio de Janeiro: Forense Universitária, 1980.

———. *O que é a política?* Rio de Janeiro: Bertrand Brasil, 5ª ed., 2004.

AUGÉ, M. *Não lugares: introdução a uma antropologia da supermodernidade.* Campinas: Papirus, 1994.

———. *Por uma antropologia dos mundos contemporâneos.* Rio de Janeiro: Bertrand Brasil, 1997.

BARNES, J. A. "Redes sociais e processo político". In: FELDMAN-BIANCO, B. (org.). *A antropologia das sociedades contemporâneas.* São Paulo: Global, 1987, pp. 159-92.

BARTH, F. "Introdução" [1969]. In: POUTIGNAT, P. e STREIFF-FENARD, J. *Teorias da etnicidade.* São Paulo: Ed. da Unesp, 1995, pp. 185-227).

BAUMAN, Z. *Modernidade líquida.* Rio de Janeiro: Jorge Zahar, 2001.

BOTT, E. *Família e Rede Social.* Rio de Janeiro: Livraria Francisco Alves Editora,1976.

CALDEIRA, T. *Cidade de muros: crime, segregação e cidadania em São Paulo.* São Paulo: Editora 34/Edusp, 2000.

CERTEAU, M. *A invenção do cotidiano: 1. artes de fazer.* Petrópolis: Vozes, 1994.

DAMATTA, R. *Carnavais, malandros e heróis.* Rio de Janeiro: Jorge Zahar, 1978.

DAVIS, M. *Cidade de Quartzo: escavando o futuro em Los Angeles.* São Paulo: Boitempo, 2009.

———. *Planeta favela.* São Paulo: Boitempo, 2007.

DERRIDA, J.*Cosmopolitas de todos os países, mais um esforço!* Coimbra: Minerva, 2001.

GARCIA CANCLINI, N. *Culturas híbridas: estratégias para entrar e sair da modernidade.* São Paulo: Edusp, 4ª ed., 2008.

GOFFMAN, E. *A representação do eu na vida cotidiana.* Petrópolis: Vozes, 1975.

LÉVI-STRAUSS, C. *Tristes trópicos.* São Paulo: Companhia das Letras, 1996 [1955].

LEWIS, O. *Os filhos de Sanchez.* Lisboa: Moraes Editores,1970.

Park, R. E. "A cidade: sugestões para a investigação do comportamento humano no meio urbano" [1925]. In: Velho, O.G. (org.). *O fenômeno urbano*. Rio de Janeiro: Guanabara, 4ª ed., 1995, pp. 26-67.

Salgado, S. *Terra*. São Paulo: Companhia das Letras, 1997.

Simmel, G."*O estrangeiro*" [1908]. In: Moraes, E. (org.). *Sociologia: Simmel*, São Paulo: Ática, 1983, pp. 182-8.

Turner, V. *O processo ritual: estrutura e antiestrutura*. Petrópolis: Vozes, 1974 [1969].

Valladares, L. *A invenção da favela: do mito de origem a favela.com*. Rio de Janeiro, Ed. da FGV, 2005.

Van Gennep, A. *Os ritos de passagem*. Petrópolis: Vozes, 1978 [1909].

Wirth, L. 1938, "O urbanismo como modo de vida" [1938]. In: Velho, O.G. (org). *O fenômeno urbano*. Rio de Janeiro: Guanabara, 4ª ed., 1987, pp. 90-113.

Obras de Michel Agier

Le couloir des exilés. Être étranger dans un monde commun. Bellecombe-en-Bauges: Éditions du Croquant, 2011.

Esquisses d'une anthropologie de la ville. Lieux, situations, mouvements. Louvain-la-neuve: Academia-Bruylant, 2009.

Gérer les indésirables. Des camps de réfugiés au gouvernement humanitaire. Paris: Flammarion, 2008.

Salvador de Bahia: Rome noire, ville métisse (Fotografias de Christian Cravo). Paris: Autrement, 2005.

La sagesse de l'ethnologue. Paris: L'Œil neuf, 2004.

Aux bords du monde, les réfugiés. Paris: Flammarion, 2002.

Anthropologie du carnaval: La ville, la fête et l'Afrique à Bahia. Marselha: Parenthèses/IRD, 2000.

L'invention de la ville: banlieues, townships, invasions et favelas. Paris: EAC, 1999.

Anthropologues en dangers: L'engagement sur le terrain (org.). Paris: Éditions Jean-Michel Place, 1997.

Commerce et sociabilité: Les négociants soudanais du quartier Zongo de Lomé. Paris: IRD, 1983.

Em colaboração

Com Sara PRESTIANNI. *"Je me suis réfugié là!" Bords de routes en exil.* Paris: Éditions Donner Lieu, 2011.

Com Manuela ALVAREZ, Odile HOFFMANN e Eduardo RESTREPO. *Tumaco: haciendo ciudad: Historia, identidad, cultura.* Bogotá: ICANH/IRD/Univalle, 1999.

Com Nadya ARAUJO CASTRO e Antonio Sergio GUIMARÃES. *Imagens e identidades do trabalho.* São Paulo: Hucitec, 1995.

Classes ouvrières d'Afrique noire (org., com Jean COPANS e Alain MORICE). Paris: Karthala/IRD, 1987.

ÍNDICE REMISSIVO

Nesta edição, respeitou-se o novo Acordo Ortográfico da Língua Portuguesa.

Dados Internacionais de Catalogação na Publicação (CIP)
(Câmara Brasileira do Livro, SP, Brasil)

Agier, Michel
Antropologia da cidade : lugares, situações, movimentos / Michel Agier ; tradução Graça Índias Cordeiro ; prefácio à edição brasileira Graças Índias Cordeiro, Heitor Frúgoli Jr. -- São Paulo : Editora Terceiro Nome, 2011. -- (Antropologia hoje)

Título original: Esquisses d`une anthropologie de la ville : lieux, situations, mouvements
Bibliografia.
ISBN 978-85-7816-077-7

1. Antropologia urbana 2. Cultura 3. Espaço e tempo - Aspectos sociais 4. Etnologia - Metodologia 5. Poder (Ciências sociais) 6. Sociologia urbana I. Cordeiro, Graça Índias e Frúgoli Junior, Heitor. II. Título. III. Série.

11-04365 CDD-307.76

Índices para catálogo sistemático:
1. Antropologia urbana : Sociologia 307.76

à Editora Terceiro Nome
Rua Belmiro Braga, 70
05432-020 São Paulo SP
www.terceironome.com.br
fone: (11) 3816 0333